Série
Hospital do Coração-HCor
Do Nascimento à Morte – Novos Caminhos
na Prática da Psicologia Hospitalar

PSICOLOGIA, PSIQUIATRIA E PSICANÁLISE

A Ciência e a Arte de Ler Artigos Científicos – Braulio Luna Filho

A Medicina da Pessoa 5ª ed. – Perestrello

A Natureza do Amor – Donatella

A Neurologia que Todo Médico Deve Saber 2ª ed. – Nitrini

Adoecer: As Interações do Doente com sua Doença 2ª ed. – Quayle

Adolescência... Quantas Dúvidas! – Fisberg e Medeiros

As Lembranças que não se Apagam – Wilson Luiz Sanvito

Autismo Infantil: Novas Tendências e Perspectivas – Assumpção Júnior

Chaves/Resumo das Obras Completas (Organização Editorial: National Clearinghouse for Mental Health Information) – Jung

Coleção Psicologia do Esporte e do Exercício – Maria Regina Ferreira Brandão e Afonso Antonio Machado
Vol. 1 - Teoria e Prática
Vol. 2 - Aspectos Psicológicos do Rendimento Esportivo
Vol. 3 - Futebol, Psicologia e Produção do Conhecimento
Vol. 4 - O Treinador e a Psicologia do Esporte
Vol. 5 - O Voleibol e a Psicologia do Esporte

Coluna: Ponto e Vírgula 7ª ed. – Goldenberg

Criando Filhos Vitoriosos - Quando e como Promover a Resiliência – Grunspun

Cuidados Paliativos – Diretrizes, Humanização e Alívio de Sintomas – Franklin Santana

Cuidados Paliativos - Discutindo a Vida, a Morte e o Morrer – Franklin Santana Santos

Cuidando de Crianças e Adolescentes sob o Olhar da Ética e da Bioética – Constantino

Delirium – Franklin Santana

Demências: Abordagem Multidisciplinar – Leonardo Caixeta

Dependência de Drogas 2ª ed. – Sergio Dario Seibel

Depressão e Cognição – Chei Tung Teng

Depressão em Medicina Interna e em Outras Condições Médicas - Depressões Secundárias – Figueiró e Bertuol

Dicionário Médico Ilustrado Inglês-Português – Alves

Dilemas Modernos - Drogas – Fernanda Moreira

Dinâmica de Grupo – Domingues

Distúrbios Neuróticos da Criança 5ª ed. – Grunspun

Doença de Alzheimer – Forlenza

Dor – Manual para o Clínico – Jacobsen Teixeira

Dor Crônica – Diagnóstico, Pesquisa e Tratamento – Ivan Lemos

Dor e Saúde Mental – Figueiró

Epidemiologia 2ª ed. – Medronho

Esquizofrenia – Bressan

Ginecologia Psicossomática – Tedesco e Faisal

Guia de Consultório - Atendimento e Administração – Carvalho Argolo

Guia para Família - Cuidando da Pessoa com Problemas – Andreoli e Taub

Hipnose - Aspectos Atuais – Moraes Passos

Hipnose na Prática Clínica 2a. Ed. – Marlus

Hipnoterapia no Alcoolismo, Obesidade e Tabagismo – Marlus Vinícius Costa Ferreira

Introdução à Psicossomática – Maria Rosa Spinelli

Introdução à Psiquiatria - Texto Especialmente Escrito para o Estudante das Ciências da Saúde – Spoerri

Manual: Rotinas de Humanização em Medicina Intensiva 2ª ed – AMIB - Raquel Pusch de Souza

Medicina um Olhar para o Futuro – Protásio da Luz

Nem só de Ciência se Faz a Cura 2ª ed. – Protásio da Luz

O Coração Sente, o Corpo Dói - Como Reconhecer, Tratar e Prevenir a Fibromialgia – Evelin Goldenberg

O Cuidado do Emocional em Saúde 3ª ed. – Ana Cristina de Sá

O Desafio da Esquizofrenia 2ª ed. – Itiro Shirakawa, Ana Cristina Chaves e Jair J. Mari

O Livro de Estímulo à Amamentação - Uma Visão Biológica, Fisiológica e Psicológico-comportamental da Amamentação – Bicalho Lana

O Médico, Seu Paciente e a Doença – Balint

O que Você Precisa Saber sobre o Sistema Único de Saúde – APM-SUS

Panorama Atual de Drogas e Dependências – Silveira Moreira

Política Públicas de Saúde Interação dos Atores Sociais – Lopes

Psicofarmacologia – Chei Tung Teng

Psicologia do Desenvolvimento - Do Lactente e da Criança Pequena - Bases Neuropsicológicas e Comportamentais – Gesell e Amatruda

Psicologia e Cardiologia - Um Desafio Que Deu Certo - SOCESP – Ana Lucia Alves Ribeiro

Psicologia e Humanização: Assistência aos Pacientes Graves – Knobel

Psiquiatria Perinatal – Chei Tung Teng

Psicologia na Fisioterapia – Fiorelli

Psicopatologia Geral 2ª ed. (2 vols.) – Jaspers

Psicossomática, Psicologia Médica, Psicanálise – Perestrello

Psiquiatria e Saúde Mental – Conceitos Clínicos e Terapêuticos Fundamentais – Portella Nunes

Psiquiatria Ocupacional – Duílio Antero de Camargo e Dorgival Caetano

Saúde Mental da Mulher – Cordás

Segredos de Mulher - Diálogos Entre um Ginecologista e um Psicanalista – Alexandre Faisal Cury

Série da Pesquisa à Prática Clínica - Volume Neurociência Aplicada à Prática Clínica – Alberto Duarte e George Bussato

Série Fisiopatologia Clínica – Busatto
Vol. 4 - Fisiopatologia dos Transtornos Psiquiátricos

Série Usando a Cabeça – Alvarez e Taub
Vol. 1 - Memória

Sexualidade Humana - 750 Perguntas Respondidas por 500 Especialistas – Lief

Situações Psicossociais – Assumpção

Suicídio: Uma Morte Evitável – Corrêa (Perez Corrêa)

Transtornos Alimentares – Natacci Cunha

Transtorno Bipolar do Humor – José Alberto Del Porto

Tratado de Psiquiatria da Infância e da Adolescência – Assumpção

Tratamento Coadjuvante pela Hipnose – Marlus

Um Guia para o Leitor de Artigos Científicos na Área da Saúde – Marcopito Santos

SAL
SERVIÇO DE ATENDIMENTO AO LEITOR
Tel: 08000267753

www.atheneu.com.br

Série
Hospital do Coração-HCor

Do Nascimento à Morte – Novos Caminhos na Prática da Psicologia Hospitalar

Editores da Série

Hélio Penna Guimarães
Carlos Alberto Buchpiguel
Edson Renato Romano
Luiz Carlos Valente de Andrade
Otávio Berwanger

Editoras do Volume

Silvia Maria Cury Ismael
Simone Kelly Niklis Guidugli

Editora Atheneu

São Paulo	Rua Jesuíno Pascoal, 30 Tel.: (11) 2858-8750 Fax: (11) 2858-8766 E-mail: atheneu@atheneu.com.br
Rio de Janeiro	Rua Bambina, 74 Tel.: (21)3094-1295 Fax: (21)3094-1284 E-mail: atheneu@atheneu.com.br
Belo Horizonte	Rua Domingos Vieira, 319, conj. 1.104

CAPA: Equipe Atheneu
PRODUÇÃO EDITORIAL: MWS Design

Dados Internacionais de Catalogação na Publicação (CIP)
(Câmara Brasileira do Livro, SP, Brasil)

Do nascimento à morte : novos caminhos na prática da psicologia hospitalar / editoras Silvia Maria Cury Ismael, Simone Kelly Niklis Guidugli. -- Rio de Janeiro : Editora Atheneu, 2015. -- (Série Hospital do Coração-HCor)

Vários colaboradores.
Bibliografia.
ISBN 978-85-388-0659-2

1. Doentes - Aspectos psicológicos 2. Hospitais - Aspectos psicológicos 3. Luto - Aspectos psicológicos 4. Morte - Aspectos psicológicos 5. Nascimento - Aspectos psicológicos 6. Pacientes hospitalizados - Psicologia I. Ismael, Silvia Maria Cury. II. Guidugli, Simone Kelly Niklis. III. Série.

15-07395   CDD-362.11

Índices para catálogo sistemático:
1. Psicologia hospitalar   362.11

ISMAEL S.M.C.; GUIDUGLI S.K.N
Série do Hospital do Coração – HCor – Do Nascimento à Morte: Novos Caminhos na Prática da Psicologia Hospitalar

©*Direitos reservados à EDITORA ATHENEU – São Paulo, Rio de Janeiro, Belo Horizonte, 2015.*

Sobre os editores da série

Hélio Penna Guimarães
Médico Coordenador do Centro de Ensino, Treinamento e Simulação do Hospital do Coração-CETES-HCor.

Carlos Alberto Buchpiguel
Superintendente Médico do Hospital do Coração (HCor).

Edson Renato Romano
Diretor Clínico do Hospital do Coração (HCor).

Luiz Carlos Valente de Andrade
Diretor Técnico do Hospital do Coração (HCor).

Otávio Berwanger
Diretor do Instituto de Ensino e Pesquisa do Hospital do Coração (HCor).

Sobre as editoras do volume

Silvia Maria Cury Ismael

Psicóloga Clínica e Hospitalar. Gerente do Serviço de Psicologia do Hospital do Coração – HCor. Mestre e Doutora em Ciências pela Faculdade de Medicina da Universidade de São Paulo – FMUSP. MBA em Gestão Executiva em Saúde pela FGV. Leadership in Tobacco Control – Johns Hopkins Bloomberg School of Public Health. Sócia Fundadora, Presidente (Biênio 2003-2005) e Membro do Conselho Consultivo permanente da Sociedade Brasileira de Psicologia Hospitalar – SBPH. Membro da Comissão editorial da Revista SBPH.

Simone Kelly Niklis Guidugli

Psicóloga clínica e hospitalar. Coordenadora do Serviço de Psicologia do Hospital do Coração – HCor. Mestre em Ciências pelo Departamento de Psicologia Clínica do Instituto de Psicologia da Universidade de São Paulo – IP-USP. Especialista em Psicologia Clínica-hospitalar aplicada à Cardiologia pelo Instituto do Coração do Hospital das Clínicas da Faculdade de Medicina da Universidade de São Paulo – InCor-HC-FMUSP. Psicanalista em formação pelo Centro de Estudos Psicanalíticos – SP. Formação em Psicologia Perinatal pelo Instituto Gerar – SP. Responsável pelos atendimentos psicológicos na Unidade Fetal do HCor. Diretora Científica da Sociedade de Cardiologia do Estado de São Paulo – Socesp (Biênio 2010-2011). Diretora Executiva da Socesp (Biênio 2012-2013).

Sobre os colaboradores

Janaína Xavier de Andrade dos Santos

Psicóloga Clínica e Hospitalar, graduada pela Universidade Paulista – UNIP. Especialista em Psicologia e Saúde: Psicologia Hospitalar pela Pontifícia Universidade Católica de São Paulo – PUC-SP. Formação em Psicologia Perinatal e Parentalidade – Instituto Brasileiro de Psicologia Perinatal – Gerar – SP. No HCor: psicóloga responsável pela Cardiopediatria, UTI Neonatal e Cardiopediátrica; atuante na Unidade Fetal; docente no curso de extensão em Psicologia Hospitalar; supervisora de Estágio de Graduação – Brinquedoteca; membro suplente do Comitê de Ética em Pesquisa.

Júlia Fernandes Caldas Frayha

Psicóloga Clínica e Hospitalar, graduada pela Universidade Federal de Minas Gerais – UFMG. Especialista em Psicologia Hospitalar e demais Instituições de Saúde pelo Hospital do Coração. No HCor: psicóloga responsável pelos atendimentos aos pacientes da Cirurgia Cardíaca, pelo Programa de Cuidados Clínicos de Insuficiência Cardíaca e pela Avaliação de Cirurgia Bariátrica.

Juliana dos Santos Batista

Psicóloga Clínica e Hospitalar, graduada pela Universidade Presbiteriana Mackenzie. Especialista em Psicologia Hospitalar pelo Hospital das Clínicas da Faculdade de Medicina da Universidade de São Paulo – HC-FMUSP. Aprimoramento em Teoria, Técnica e Intervenção em Luto pelo Instituto Quatro Estações. Ex-colaboradora do Hospital do Coração (2009 à 2015), sendo responsável pelos atendimentos aos pacientes adultos da UTI. Membro do Comitê de Bioética do Hospital do Coração – HCor. Membro da Comissão Editorial da Revista da Sociedade Brasileira de Psicologia Hospitalar – SBPH. Membro da Diretoria da SBPH (biênios 2011/2013 e 2013-2015). Conselheira Executiva da União Latino-Americana de Entidades de Psicologia – ULAPSI Brasil (Biênio 2012-2014).

Marina Marins da Fonseca Ramos

Psicóloga Clínica e Hospitalar, graduada em Psicologia Clínica na Abordagem TCC pela Universidade São Judas Tadeu. Especialista em Psicologia Clínica e Hospitalar aplicada à Cardiologia pelo Instituto do Coração do Hospital das Clínicas da Faculdade de Medicina da Universidade de São Paulo – InCor-HC-FMUSP. Neuropsicóloga pelo Instituto Neurológico de São Paulo – INESP – Instituto Raul Marino Jr. Formação em Terapia Cognitivo-Comportamental para Crianças e Adolescentes pelo Instituto de Psiquiatria do Hospital das Clínicas da Faculdade de Medicina da Universidade de São Paulo – IPq-HC-FMUSP. No HCor: psicóloga responsável pelos atendimentos aos pacientes do Programa de Cuidados Clínicos IAM; aos pacientes com Insuficiência Renal Crônica; aos pacientes da Unidade Coronariana. Colaboradora em Projetos de Pesquisa na mesma Instituição.

Tathiane Barbosa Guimarães

Psicóloga Clínica e Hospitalar, graduada pela Universidade de Brasília – UnB. Doutoranda em Cardiologia no Instituto do Coração do Hospital das Clínicas da Faculdade de Medicina da Universidade de São Paulo – InCor-HC-FMUSP. Mestre em Processos do Desenvolvimento Humano e Saúde pela Universidade de Brasília – DF. Aprimoramento em Psicologia da Saúde e Hospitalar pelo Núcleo de Ensino Qualidade e Humanização em Saúde – NELIS – SP. No HCor: psicóloga responsável pelos atendimentos nos Serviços de Oncologia, Radioterapia e aos pacientes clínicos do Hospital do Coração.

Viviane dos Santos Gonçalves Ribeiro

Psicóloga Clínica e Hospitalar, graduada pela Universidade Mackenzie. Especialista em Psicologia Hospitalar pela Irmandade da Santa Casa de Misericórdia de São Paulo – ISCMSP. Psicanalista em formação pelo Centro de Estudos Psicanalíticos – CEP (2014-2016). Ex-colaboradora do Hospital do Coração (2009 à jun/2105), sendo responsável pelo Programa de Cuidados Clínicos aos pacientes com Insuficiência Cardíaca e Transplante Cardíaco, no período de 2012 à jun/2015. Membro do Comitê de Bioética do HCor. Diretora Executiva do Departamento de Psicologia da Sociedade de Cardiologia do Estado de São Paulo – SOCESP (Biênio 2014/2015).

Dedicatória

Dedicamos este livro a todos os profissionais engajados no aprimoramento constante da Psicologia, esperando favorecer a ampliação do conhecimento e a melhoria do cuidado ao paciente.

Agradecimentos

Ao Dr. Antonio Carlos Kfouri, Superintendente Corporativo por seu constante apoio ao Serviço de Psicologia.

À Srª Théa Trabulsi Namour, Presidente da Associação do Sanatório Sírio, mantenedora deste hospital, por seu trabalho constante pelo crescimento da instituição HCor.

À Dra Bernardete Weber, Superintendente de Qualidade e Responsabilidade Social, por acreditar que a Psicologia é fundamental no cuidado ao paciente.

Ao Dr. Edson Renato Romano, Diretor Clínico, nosso grande incentivador de sempre!

Ao Dr. Hélio Penna Guimarães, Coordenador do Centro de Ensino, Treinamento e Simulação, CETES-HCor, pelo seu incentivo constante no crescimento científico do nosso Serviço.

Aos nossos pacientes por nos deixarem fazer parte de suas vidas compartilhando conosco os momentos difíceis, permitindo nossa ajuda e nos enriquecendo com suas histórias.

Prefácio

A prática dos psicólogos em hospitais tem merecido cada vez mais atenção e ampliação de estudos e pesquisas.

As questões emergentes na clínica atual nos confrontam com as repercussões das mudanças contemporâneas e seus efeitos na prática, o que exige avançar na teoria.

A articulação teoria/prática que os trabalhos aqui apresentados nos convocam a pensar, são um privilégio para o estudioso dos temas cruciais desta prática específica.

Falar sobre "do nascimento à morte" requer ousadia e exige humildade ao apresentar respostas e abrir para novas questões. E podemos acompanhar o fio que sustenta este percurso, como os trabalhos evidenciam, que é um comprometimento ético com a vida do ser humano em seus momentos de dificuldade e desamparo.

Portanto, sinto uma satisfação pessoal em apresentar este livro por duas razões: por aquilo que em si representa esta prática que me é muito cara e por testemunhar este momento de um serviço de psicologia produtivo e enriquecedor que constatamos, e sendo um avanço no campo em que estamos empenhados.

Não se trata da apresentação de temas novos, mas de uma nova abordagem de temas cruciais para o trabalho do psicólogo nos hospitais.

Registro um aspecto importante da prática, como muito bem colocado nos textos, de que a rotina no hospital serve para o paciente ou familiar se localizarem no hospital, mas o exercício de uma rotina, para o profissional, pode impedir que o processo do impossível ao possível possa acontecer. Por que este processo exige criatividade e coloca em destaque um movimento retificador.

Sabemos que as (im)posições discursivas da cultura precisam do "abrir espaço" para pensar a responsabilidade do sujeito diante do sofrimento e a importância do reconhecimento das próprias potencialidades.

E a base para este posicionamento retificador, parte do pressuposto de que o paciente é alguém que sofre e que tem o que dizer sobre seu sofrimento.

E bem dizendo, registra o psicólogo, também no contexto hospitalar, sem saída... A não ser o cuidado pessoal através da análise do próprio analista.

Acompanhei os trabalhos dos autores, todos mulheres, autoras e organizadoras desta obra.

E o fato de serem mulheres me chamou atenção para a posição feminina, que não diz respeito somente às mulheres mas sobretudo a uma posição em relação ao outro social.

Podemos pensar com Freud, que as mulheres são insatisfeitas, o que equivale a serem desejantes, quererem mudanças e é importante destacar que, o que fundamenta a condição da feminilidade apoia-se no indizível...

Portanto, a partir do feminino, enquanto posição, a partir do real indizível, resta falar... Onde não se pode dizer há de ser inventado um significante novo.

Falar do nascimento à morte, precisa de invenção e responsabilidade. É o desafio que esta coletânea enfrenta e o convite para pensar a clínica atual e obter ferramentas de análise de nossa prática.

Dra. Marisa Decat

Apresentação

A psicologia hospitalar foi oficialmente regulamentada, como uma especialidade da psicologia, somente no ano de 2000, através da Resolução nº 14 do Conselho Federal de Psicologia (CFP). Mediante outros países onde não se vê esta modalidade sendo praticada no mesmo formato que o brasileiro, muito se discute sobre a psicologia da saúde, o que engloba a área hospitalar. Na verdade, essa especialidade vem se desenvolvendo no Brasil há mais de 30 anos, com este foco restrito ao paciente e família que está em atendimento dentro do hospital, assim como a equipe cuidadora. O paciente internado requisita um olhar diferenciado da equipe que o cuida pela complexidade de sua dinâmica pessoal enquanto estar/ser doente.

Seguindo a linha de raciocínio do Serviço de Psicologia do Hospital do Coração, o livro "Do nascimento à morte: novos caminhos na prática da psicologia hospitalar" teve a intenção de realizar um percurso que abordasse o ser doente, desde sua existência intraútero mesmo que, já neste momento, não houvesse mais a possibilidade da vida. Os assuntos elencados para este livro trazem a nossa prática diária, pretendendo servir de norte a ser trilhado pelo leitor que irá se apropriar destes saberes através desta leitura.

O primeiro bloco se refere ao período da perinatalidade até a infância. Cada vez mais, com os avanços tecnológicos, temos condição de descobrir mais precocemente os problemas de saúde e com isto tentar viabilizar uma solução mais eficaz e objetiva. Entretanto, isto traz consequências para a mãe, a criança e a família, uma vez que estamos mais preparados para lidar com bebês e filhos saudáveis. A importância da presença da psicologia na sala de parto tem sido fundamental no acompanhamento psicológico durante o ciclo gravídico puerperal, pelo vínculo formado entre paciente e psicóloga desde o pré-natal, sendo possível, na maior parte dos casos, promover maior segurança emocional para a paciente no momento do parto. Aprofundando as reflexões sobre a clínica com gestantes, o capítulo que fala do fenômeno da transferência com estas pacientes, traz a importância do psicólogo se deparar com este fato no seu dia a dia, discutindo-o e reconhecendo-o para manejá-lo da melhor maneira possível.

Igualmente importante, é o assunto levantado no capítulo "A interface do vínculo mãe-bebê". Sabe-se o quanto é difícil, a partir do nascimento do filho real (não ideal) mãe e família lidarem com esta questão e através de um estudo de caso e foram apresentadas algumas das possibilidades da atuação da psicologia. Ainda pensando sobre a infância, com a evolução da medicina e dos procedimentos diagnósticos, o Hospital do Coração tem atendido cada vez mais pacientes da especialidade de oncologia. Poder atuar na dinâmica familiar, oferecendo apoio para criança que tem um familiar com câncer é importante e mostra-se como um desdobramento do cuidado ao paciente, pois este, por vezes manifesta muita preocupação em como lidar com seus filhos ou netos que estão fora do hospital, esperando por seu retorno ao lar.

O segundo bloco nos traz a "fala" do coração. Como é abordar um paciente que chega doente ao hospital, mas sem sintomatologia? Como fica para o indivíduo "concretizar" algo que de fato ele não "sente". É um capítulo que desafia o leitor a aguçar suas percepções e reflexões sobre esta temática. Já a questão do infarto agudo é um tema antigo e ao mesmo tempo atual, quando a reflexão da fala do psicólogo traz conteúdos de como é para o paciente lidar com situações que fogem ao seu controle. O capítulo que fala da vida com o coração artificial dispensa apresentação, uma vez que o próprio título nos leva a inúmeros questionamentos quando pensamos será que é possível tornar natural o artificial?

O terceiro bloco fala da questão da perda de si mesmo, quando o paciente apresenta um quadro de *delirium* durante o processo de sua doença e assim dificulta de algum modo o acesso a si mesmo, por parte da equipe e também da própria família. A morte e o luto, assuntos tão conhecidos e que fazem parte da história da humanidade, ainda são questões de difícil abordagem no contexto hospitalar. Esta reflexão por si só é ousada uma vez que morte e luto são assuntos ainda evitados na UTI e no hospital como um todo. Este bloco se encerra com um capítulo que propõe uma questão que poderíamos dizer que, no mínimo, pode gerar uma grande discussão: como se faz a medicalização de sintomas psíquicos no hospital? A partir de uma reflexão pautada na psicanálise, as pílulas são para silenciar e diminuir o sofrimento do paciente ou... da equipe?

O livro termina com a reflexão de um tema que, a princípio, pelo seu título pode dar a impressão de nada ter a ver com o restante de seu conteúdo. Mas, hoje, com o advento das avaliações de qualidade dos serviços hospitalares, o psicólogo não fica imune a ter a sua prática avaliada em relação à qualidade de seus atendimentos e ter que discutir quais resultados ela promove aos pacientes. Os indicadores de qualidade em assistência psicológica vem de modo ambivalente incomodar e provocar o profissional psicólogo acostumado a lidar com a subjetividade e não com os números, mas ao mesmo tempo contribuindo para o avanço da psicologia hospitalar quando promove a reflexão da prática clínica e seus efeitos. Convidamos o leitor a se debruçar sobre esta questão e a refletir conosco.

Esperamos com isto, que este livro possa abrir novos caminhos, reflexões, práticas e saberes, colaborando não somente para o conhecimento científico, mas principalmente, apurando nosso olhar e guiando nossa prática de forma que o nosso objetivo maior – prestar assistência com qualidade ao paciente hospitalizado – seja sempre e cada vez mais alcançado.

Silvia Maria Cury Ismael
Simone Kelly Niklis Guidugli

Sumário

SEÇÃO 1 – DA PERINATALIDADE À INFÂNCIA

Capítulo 1
A Chegada do Bebê Cardiopata: A Psicologia Também Está na Sala de Parto!.....3
Simone Kelly Niklis Guidugli

Capítulo 2
Sobre a Transferência na Clínica com Gestantes de Bebês Cardiopatas ...15
Simone Kelly Niklis Guidugli

Capítulo 3
A Interface do Vínculo Mãe-Bebê na UTI Cardiopediátrica.....25
Janaina Xavier de Andrade dos Santos

Capítulo 4
Vivências da Família do Paciente Oncológico: Um Foco na Criança.....35
Tathiane Barbosa Guimarães

SEÇÃO 2 – O QUE O CORAÇÃO NOS FALA

Capítulo 5
O Silêncio do Coração: Ausência de Sintoma e Adoecimento Cardíaco.....51
Júlia Fernandes Caldas Frayha

Capítulo 6
Infarto Agudo do Miocárdio: Quando a Situação Sai do Controle.....59
Marina Marins da Fonseca Ramos

Capítulo 7

A Vivência com o Coração Artificial: Tornar o Artificial Natural é Possível? 71

Viviane dos Santos Gonçalves Ribeiro

SEÇÃO 3 – A PERDA DE SI MESMO NO HOSPITAL

Capítulo 8

Quadros de Delirium no Hospital: Lidando com o Desconexo Através do Vínculo...............85

Júlia Fernandes Caldas Frayha
Juliana dos Santos Batista

Capítulo 9

Laços no Desenlace ou Desenlace dos Laços? Refletindo sobre Família, Luto e UTI...............99

Juliana dos Santos Batista

Capítulo 10

Pílulas Silenciadoras de Sujeitos: Reflexões Psicanalíticas sobre a Medicalização no Contexto Hospitalar...............109

Juliana dos Santos Batista
Viviane dos Santos Gonçalves Ribeiro

SEÇÃO 4 – A QUALIDADE PERMEANDO O TRABALHO DO PSICÓLOGO NAS DIFERENTES CLÍNICAS

Capítulo 11

Indicador de Qualidade em Psicologia Hospitalar: É Possível?...............121

Silvia Maria Cury Ismael

Índice Remissivo...............135

Seção 1

Da Perinatalidade à Infância

Capítulo 1

A Chegada do Bebê Cardiopata: A Psicologia Também Está na Sala de Parto!

Simone Kelly Niklis Guidugli

> "...minha mãe morrera não porque tivesse deixado de viver, mas porque havia separado o seu corpo do meu. Todo nascimento é uma exclusão, uma mutilação. Fosse vontade minha e eu ainda seria parte do seu corpo, o mesmo sangue nos banharia. Diz-se 'parto'. Pois seria mais acertado dizer 'partida'. E eu queria corrigir aquela partida" (Mia Couto, 2009, p. 39-40)[1].

Introdução

Os estudos sobre a psicologia perinatal têm se desenvolvido de modo expressivo nas últimas décadas. Sabe-se que a gestação é considerada uma etapa do desenvolvimento da mulher, que traz inerente uma crise emocional, uma vez que a mesma precisa se reorganizar nos papéis de filha e mãe, além de se adequar aos diversos aspectos de mudança que essa situação contempla.

Maldonado[2] afirma que "no caso da primípara, a grávida além de filha e mulher passa a ser mãe; mesmo no caso da multípara, verifica-se uma certa mudança de identidade, pois ser mãe de um filho é diferente de ser mãe de dois, e assim por diante, porque com a vinda de cada filho toda a composição de rede de intercomunicação familiar se altera" (p. 26).

As mudanças iniciam-se, no entanto, a partir da notícia da gravidez, em que há uma gama imensa de sentimentos, mesmo quando o filho foi planejado e desejado pelo casal. As expectativas depositadas no futuro bebê são quase sempre uma projeção dos próprios sonhos dos pais, que não puderam ser realizados em suas vidas. Vê-se no bebê a possibilidade de retornar ao passado, concretizando os desejos despertados pelo próprio narcisismo. Além disso, têm-se na gravidez, as expectativas do núcleo familiar estendido, avós, tios, irmãos, futuros padrinhos, amigos próximos, todos com seus próprios desejos, depositados no bebê que está por vir.

As mudanças continuam a acontecer quando, no corpo, a mulher sente dia após dia, a transformação. Seios avantajados, quadris alargados, barriga salientando-se inicialmente de maneira mais tímida, em que às vezes é até difícil de acreditar que sejam as marcas da gravidez, mas gradativamente ela não deixa dúvida, cresce e se molda às necessidades do feto, que se movimenta cada vez mais, impedindo o conforto absoluto no corpo da mãe, agora não mais autônoma, e sim, dependente das necessidades de seu pequeno bebê. A gestante deve sentar-se de modo que seja possível ao feto se acomodar; deitar-se na posição em que seja possível respirar e relaxar; alimentar-se de modo que auxilie o feto em seu crescimento, e daí por diante, nada mais lhe garante a privacidade e independência de um corpo só seu.

O corpo agora é compartilhado, pois em seu ventre há o filho que mesmo desejado, nem sempre condiz com seus próprios desejos, configurando-se também, a partir disso, a ambivalência, tão marcada no processo gestacional. "A ambivalência é a palavra que marca a gestação, uma vez que nesse período a mulher se depara com um inconsciente manifesto no próprio corpo"[3].

Behaim (2007)[4] salienta que

> (...) a ambivalência materna não é um acidente da relação da mãe com o filho, mas uma necessidade estruturante, cuja falta induz uma patologia e que pode evoluir para uma patologia. A iniciativa clínica não tem o objetivo, portanto, de 'suprimir' a ambivalência, mas sim permitir um certo reconhecimento desta, como uma elaboração que faz com que ela se exerça de modo estruturante para a mãe e a criança (p. 11)

Diante das transformações e de tanta ambivalência, considerar a gestação que traz consigo o diagnóstico de cardiopatia fetal, não há de se duvidar que tal fato torne ainda mais complexo o processo gestacional. Além das habituais adaptações, a gestante terá de enfrentar as frustrações de estar gerando um bebê que não é completamente saudável, e que muitas vezes sua existência está relacionada à possibilidade de *não existência*, pois o risco de morrer ou de ter de moderadas a graves limitações é real, podendo fazê-la sofrer de modo intenso e inigualável. Sendo assim, o trabalho realizado na Unidade Fetal do Hospital do Coração vem, há cerca de sete anos, oferecendo um cuidado emocional importante às mulheres que se deparam com o processo de descoberta de adoecimento cardíaco fetal.

Este capítulo visa oferecer ao leitor, a possibilidade de conhecer o trabalho psicológico oferecido nessa Unidade, incluindo não apenas a gestação, como também o acompanhamento psicológico durante o parto, realizado em nossa prática como uma rotina do Serviço de Psicologia.

O atendimento psicológico no período pré-natal: conhecendo a futura mãe!

Na Unidade Fetal do Hospital do Coração, as gestantes chegam de diversos modos: encaminhadas pelos seus próprios obstetras particulares; do Sistema Único de Saúde com a suspeita ou com um diagnóstico realizado em outros Serviços hospitalares; da cidade de São Paulo e recebem a indicação de nosso Serviço ou de outras cidades e até mesmo Estados e que não encontram em sua região estrutura e recursos médicos necessários para que o bebê cardiopata seja cuidado. De qualquer modo que cheguem, essas mulheres estão em busca de um mesmo objetivo, a possibilidade de cuidar e salvar a vida de seu bebê.

Na chegada ao hospital, a primeira consulta realizada será com o médico ecocardiografista, profissional que irá identificar e/ou confirmar a hipótese diagnóstica trazida de outro Serviço, informando à gestante e seu companheiro qual a real situação do bebê, tanto do ponto de vista clínico atual – explicando sobre o diagnóstico – quanto das possibilidades de tratamento, seja intraútero ou pós-nascimento. Nessa consulta, fala-se também sobre o diagnóstico em si, o prognóstico, riscos, possibilidades, índice de sobrevida diante das diversas cardiopatias, bem como outras informações que se façam importantes para cada caso.

Depois de esclarecida toda a situação, é indicada ou não a realização do parto em nossa instituição, isso porque embora não se tenha no HCor a estrutura de uma maternidade onde se tem uma equipe de obstetrícia disponível 24 horas por dia, tem-se desde o início da unidade, a prática de realização de partos para que o bebê cardiopata recém-nascido tenha a complexa estrutura de um hospital que é referência em cardiologia à sua disposição, o que favorece muito a condição clínica desses bebês, pois após a saída da sala de parto, ele será levado à UTI neonatal cardiológica. Isso evita as possíveis instabilidades hemodinâmicas, frequentemente encontradas na situação de cardiopatia congênita e, ainda, maiores riscos, quando há a necessidade de transferência hospitalar, por exemplo.

A gestante e o seu companheiro, que pode ser o próprio pai do bebê ou ainda outro familiar que esteja apoiando-a nesse período, são atendidos por toda a equipe multidisciplinar, a qual se constitui por enfermeiras, nutricionistas, assistentes sociais e psicólogas, além dos médicos que são os primeiros profissionais que a recebem. Toda a equipe é engajada nos cuidados à gestante e sua família. O bebê passa a ser monitorado e acompanhado em sua evolução, desde o momento em que se decide que o parto será realizado em nosso Serviço, sendo dado seguimento ao acompanhamento da gestante.

A psicologia atua desde a entrada da paciente no programa de atendimento da Unidade Fetal, realizando a entrevista inicial, que em geral acontece após os atendimentos de todos os profissionais da equipe multidisciplinar. Essa "ordem" dos atendimentos não é uma coincidência, foi pensada diante da prática clínica, quando se percebeu que, diante do diagnóstico, as gestantes traziam consigo uma série de dúvidas acerca da gestação, do bebê, do diagnóstico, da internação, das cirurgias, do prognóstico, etc. Com isso, o espaço para o atendimento psicológico ficava sujeito a algumas necessidades de ordem prática, que tem sua importância fundamental sendo traduzido como a angústia que não pode ser expressa de outro modo, bem como a manifestação de possíveis defesas emocionais. Entretanto, quando todas as orientações são realizadas antes do atendimento psicológico, o espaço oferecido nesse momento torna-se mais favorável quanto à expressão dos sentimentos da gestante sobre "tudo aquilo que ouviu sobre seu bebê e as orientações".

Realiza-se, então, uma entrevista inicial, em que se procura conhecer a história dessa gestação e do casal, sendo avaliada também a condição emocional destes após a notícia de cardiopatia do feto, bem como outras condições de doença possíveis (outras malformações, condição clínica desfavorável para se levar a gestação *a termo*, síndromes, etc.). Após essa entrevista, o acompanhamento psicológico é oferecido durante todo o processo gestacional, sendo em geral apresentada a demanda para tal continuidade. De acordo com a diversidade de

A Chegada do Bebê Cardiopata: A Psicologia Também Está na Sala de Parto!

perfil da gestação – com isso quero dizer, diferentes idades gestacionais, origens diferentes e algumas vezes impossibilidade de comparecimento semanal para que o atendimento psicológico ocorra – o psicólogo adequa a frequência do acompanhamento às possibilidades da gestante e do casal. Em geral, o atendimento semanal é oferecido e mantido até data próxima do parto, mas quando isso não é possível, encontram – psicóloga e casal – o melhor modo de acompanhamento, quinzenal por exemplo.

Conforme os atendimentos psicológicos nesta Unidade foram ocorrendo, a escuta psicológica favoreceu uma percepção diante dessa clínica, que caminhava para além das repercussões emocionais durante a gestação. A percepção de que o parto era uma situação tida como extremamente amedrontadora para os casais e sobretudo para as gestantes, pois estas expressavam sobre o parto, que se tratava da situação de maior angústia nesse processo, uma vez que era o momento da separação com o bebê.

O parto

"De um ponto de vista materno, o corte umbilical diz respeito tanto à mãe quanto ao bebê. Efetivamente, a placenta está perdida para todos". (Behaim, 2007, p. 20)[4]

Como afirma Soifer[5], no terceiro trimestre surgem várias modificações fisiológicas – o feto tende a crescer com mais rapidez, as contrações se acentuam e novamente o corpo da mulher assume outra postura para manter melhor estabilidade – que intensificam as ansiedades, as quais vão acentuando-se também pela noção de que o parto se aproxima.

Szejer e Stewart[6] mencionam:

(...) podemos compreender o parto como o compromisso entre duas ambivalências mais ou menos difíceis de serem ultrapassadas, a da mãe e a do filho. Não há dúvida de que a mulher sabe que é impossível guardá-lo dentro de seu ventre. E, se o fizesse, seria uma forma de perdê-lo de um modo ainda mais definitivo. A única forma de guardá-lo vivo é aceitando perdê-lo, e abrindo mão da exclusividade (p. 249)

Benhaim[4] (2007) sabiamente afirma que "se a perda induz o luto, a falta inaugura o nascimento" (p. 18). Segundo essa autora, o bebê poderá solidificar o narcisismo materno de modo a confortá-lo e alimentá-lo, ou ainda, feri-lo e atingi-lo. Ainda menciona que diversos outros elementos podem significar o quanto separar-se pode gerar dificuldades e dores. Battikha[7] ressalta que "quando uma mulher está grávida fantasia a aparência do filho, havendo um lugar de pertinência nessa antecipação, donde se pode supor os efeitos do diagnóstico na representação materna desse "outro" bebê" (p. 140).

Krodi[8] afirma que "o nascimento de uma criança vem anunciar o 'espetáculo da vida' e não a possibilidade de morte" (p. 119). Diz a autora, que o bebê que nasce com alguma doença

> (...) é um vir a ser, do qual geralmente não se tem clareza ou precisão de sua condição, suas limitações e restrições (...) Os ataques múltiplos ao corpo do bebê e o impacto do diagnóstico podem fazer com que os pais sintam-se impedidos de se aproximar física e psiquicamente do filho, de reconhecer seus traços nessa criança e de investir libidinalmente nesse bebê que pode ser muito diferente daquele imaginado durante a gravidez. O luto comum a todo nascimento, do bebê real imaginado, pode ser intensificado ou impossibilitado quando esse bebê precisa permanecer sob cuidados médicos intensivos em uma UTI neonatal (p. 120)

O nascimento prediz a descontinuidade, uma vez que interrompe a simbiose, que está relacionada com o tempo dentro do útero[4]. Entretanto, conforme Battikha[7], o nascimento de um bebê – saudável – promove um reconhecimento de si mesmo aos pais, sustentando suas fantasias de continuidade e imortalidade, o fato é comemorado e as projeções impostas sobre o bebê anunciam o seu futuro. Já quanto ao nascimento de um bebê com grave alteração, a autora menciona que há uma ruptura com a criança que foi idealizada e com isso "no encontro com essa 'outra' criança pode se abrir um abismo não representável. Uma perda da ilusão sem tempo e sem palavras..."(p.136).

Sendo o parto um evento de tamanha importância e emocionalmente tão significativo, começou-se a pensar nas possibilidades de atuação da psicologia, além do habitual acompanhamento pré-natal. Além do parto, temos ainda nessa realidade a doença cardíaca, que assola os pais com a angústia relacionada com as condições do bebê ao nascer, uma vez que, separado do organismo materno, tem-se chances maiores de descompensação clínica, o que pode nos fazer pensar sobre a *angústia de separação potencializada pela angústia de morte*.

A psicologia na sala de parto: "você vai estar lá, doutora?"

(...) a intuição humana, amparada pela reflexão psicanalítica – a saber, aquela que supõe a existência de uma palavra que vai além de nós e na qual se define o inconsciente –, leva-nos a pensar que, já antes do nascimento, a questão da separação é um compromisso entre duas pessoas, o feto e sua mãe, pelo corpo da qual transitam as influências de todo o meio ecológico, psicológico e social externo (Szejer, 1999, p. 33-34)[9].

Diante das inúmeras situações em que, durante o acompanhamento psicológico pré-natal, as gestantes demonstravam intenso medo relacionado com o momento de nascimento do bebê, com pedidos primeiramente implícitos, e em alguns casos já explicitamente sobre minha presença durante o parto, fui me aproximando dessa possibilidade. Confesso que em um primeiro momento, não foi tão confortável ou natural a ideia de adentrar ao centro cirúrgico e lá encontrar um modo possível e efetivo de oferecer um auxílio terapêutico à parturiente. *O centro cirúrgico definitivamente não é o "habitat natural" do psicólogo.*

A equipe também parecia não estar nem um pouco à vontade com a presença da psicóloga na sala de parto. Ressalto que antes de iniciarmos o acompanhamento de parturientes, a proposta foi levada à coordenação do programa de atendimento da Unidade Fetal, sendo compartilhada também com a equipe de obstetrícia e supervisão do centro cirúrgico. Todos de acordo, deu-se início à proposta. Entretanto, a equipe que aprovou a proposta, não é exatamente a que atua no centro cirúrgico – exceto os obstetras – portanto, podemos dizer que foram inúmeras as situações em que "estranharam-me" perguntando-me quem eu era ou supondo que eu era uma pediatra ou uma médica que acompanhava a paciente. Após algum tempo – e com a repetição de minha participação – a equipe foi se acostumando com a minha presença, mas diante da agitação da sala de parto, e do modo de atuação em que estava muito próxima da parturiente, ouvindo-lhe e falando-lhe após a anestesia para o procedimento cesáreo, ainda pairava no ar uma dúvida, "o que elas te falam? O que você fala pra elas?".

Considero que este foi o início de uma aceitação mais confortável para a equipe quanto à participação da psicologia na sala de parto do HCor, pois uma vez interessados em saber o que estava se passando "entre nós" – gestante e eu –, foram também abrindo espaço para as possibilidades que a partir disso começariam a surgir. Quando estamos diante de alguém que nos pergunta sobre o que fazemos em determinada situação, devemos entender que há uma dúvida, e se a pergunta surge, pode-se dizer que há também um interesse de conhecimento, este, por sua vez, pode ser um caminho aberto para o "novo".

Os partos foram acontecendo e as parturientes foram demandando a presença da psicóloga no momento do nascimento, após estabelecido o vínculo terapêutico no período pré-natal. Ao longo do tempo, a psicologia foi se aprimorando, se especializando, e posso dizer que nos tornamos "um pouco mais íntimas do centro cirúrgico". Com isso, foi possível oferecer-lhes uma presença realmente mais efetiva durante os procedimentos de parto, quando podíamos perceber que o papel da psicóloga no centro cirúrgico fazia, sim, a diferença.

A presença do psicólogo na sala de parto pode favorecer a expressão das emoções, bem como a manifestação de tudo aquilo que fugia do programado: o medo, a apreensão, o desespero, a dúvida sobre como seria o bebê e como ele estaria, se nasceria com condições clínicas favoráveis ou não, e, ainda, se poderia ficar em seus braços por alguns momentos, se poderia ser fotografado logo após o nascimento, se saberiam o peso ao nascer, ou seja, se haveria momentos de "saúde" em meio ao caos da doença cardíaca.

Aos poucos, fomos também percebendo que a presença da psicóloga na sala de parto, desde o momento em que a parturiente é encaminhada para lá, traz alívio e maior segurança, isso porque, em geral, os profissionais que estão na sala cirúrgica não são os mesmos profissionais que a gestante foi atendida até então, exceto com relação aos médicos obstetras. As equipes de enfermagem, anestesia e, algumas vezes, também os pediatras, não são conhecidos à paciente, ou pelo menos, não foram frequentemente consultados. Assim, a psicóloga que ofereceu o acompanhamento durante o período pré-natal torna-se o profissional não somente conhecido, mas alguém que estará na sala de parto, exclusivamente para a parturiente, enquanto uma equipe inteira estará à disposição do pequeno bebê. Tornamo-nos, na sala de parto, o seu ponto de referência. É para o psicólogo que a parturiente conta as maiores aflições desse momento, assim como compartilha também suas maiores emoções.

O olhar do psicólogo destinado à gestante de modo apurado e sensível pode fazer toda a diferença nesse momento. Estar próximo da gestante ainda no momento da anestesia, nos procedimentos anteriores ao início do parto, no preparo para que a incisão da cesárea seja realizada – devo assinalar ao leitor que a grande maioria dos partos realizados nessas condições de cardiopatia do bebê, ocorreram até o momento, com a indicação de cesáreas – assim como durante todo o procedimento, significa estar atento às necessidades da mulher durante esse período, auxiliando-a nesse enfrentamento, e muitas vezes traduzindo suas dificuldades, necessidades e desejos, à equipe que estará atenta a outros sinais, tanto dela quanto do bebê. Esse trabalho precisa de sintonia, de engajamento de todos, dentro das diferentes possibilidades de atuação profissional, a *parturiente precisa* que o trabalho seja como uma engrenagem, que só funciona se tiver *encaixe*.

Também houve nesse processo casos em que as gestantes, mesmo vinculadas e recebendo o atendimento psicológico pré-natal na Instituição, não apresentaram a necessidade de ter a psicóloga durante o parto. Essas situações foram sempre respeitadas e a psicologia colocou-se à disposição da gestante para chamar-nos, caso fosse necessário, ou sentisse essa necessidade a qualquer momento. Para nossa surpresa, começamos a perceber que, diante dessas poucas situações, a própria equipe do centro cirúrgico entrava em contato com a psicóloga para "avisar" que a gestante já estava no centro cirúrgico e que a psicóloga "poderia descer".

Foi o segundo sinal... Agora, era a equipe quem parecia demandar a nossa presença, no sentido de compreender que nossa participação no parto fazia diferença, fazia sentido. Um pouco mais adiante, veio o marco final, pois deu-se a entrada do nome da psicóloga na "ficha de profissionais na sala de parto". Este é um documento que menciona e, portanto, comprova quem foram os profissionais que estiveram presentes durante o parto. Ter um campo nessa ficha significa ter um lugar determinado nessa equipe, onde não se trata mais de uma opção e sim de uma regra.

Atualmente, temos a participação da psicóloga na sala de parto como uma rotina da psicologia. Torna-se importante, no entanto, explicitar o que quero dizer com "rotina". Trata-se de uma prática em que habitualmente se oferece à gestante que está em acompanhamento, a possibilidade da participação da psicóloga durante o parto, porém observando-se sempre a vinculação estabelecida, sua disponibilidade para o acompanhamento psicológico, a demanda, bem como os seus limites. A rotina não é – e não deve ser – para o psicólogo, mas sim

CAPÍTULO 1

para a paciente. Caso lhe seja produtivo ter a psicóloga presente, seja por uma solicitação explícita da paciente, ou por uma demanda apresentada ainda que timidamente, mas percebida pela psicóloga, isso será viabilizado, porém caso isso possa lhe causar algum desconforto, sensação de invasão ou de qualquer outro tipo, a psicóloga irá respeitá-la em sua demanda e colocar-se à disposição desta para estar com ela, no momento em que precisar, como após o parto, por exemplo, ou na primeira visita ao bebê na UTI neonatal.

Pode-se dizer que logo após o nascimento do bebê cardiopata, no qual, algumas vezes não se tem tão rapidamente o esperado choro do bebê, o silêncio que ensurdece mães e pais presentes na sala de parto pode ser suportado e acolhido pela presença da psicóloga. Outros momentos em que o bebê chora, mas a mãe não consegue ver o que está ocorrendo com seu bebê, pode também ser traduzido pela psicóloga que se torna "os seus olhos" na sala de parto. Manejos simples e rotineiros que a equipe faz com o bebê e que não implicam nenhum tipo de risco podem ser informados às mães sem que isso ofereça nenhum risco ético, inclusive de verbalizar algo que seja da competência médica, e que ao mesmo tempo tranquilizam a mãe e resgatam a chegada do bebê como algo positivo em meio a tantos riscos que a doença pode trazer. Informações que dizem respeito: ao bebê estar sendo manuseado para a limpeza de seu corpo, para ser examinado, o fato de ter feito xixi, de ser mais cabeludinho como ela imaginava ou não, de ser preparado para pesar, ou seja, satisfazer a curiosidade e necessidade da mãe de conhecer esse bebê antes que este lhe seja efetivamente apresentado, uma vez que a mãe, com metade de seu corpo anestesiado, não encontra ali a condição autônoma para fazê-lo por si só, ou seja, o momento é para ser cuidada.

Considerações finais

> "Quando um bebê chega a tratamento, o que se traz com ele, acima de tudo, é a preocupação com o futuro" (Jerusalinsky, 2002, p. 114)[10].

Oferecer à parturiente – e ao companheiro – a possibilidade de compartilhar, durante o parto do bebê cardiopata, seus sentimentos, medos, aflições, assim como os afetos positivos *in loco,* é algo que pode ser considerado como a possibilidade de cuidar do passado, do presente e do futuro. Explico-me, refiro-me ao passado, porque há um histórico geracional envolvido na situação da parentalidade[a], no qual são construídas expectativas no decorrer da vida, as quais irão trazer à tona os desejos infantis da mãe e do pai. Tais desejos muitas vezes são projetados no bebê.

Quanto ao presente, obviamente a satisfação dos desejos parentais são idealizados para ocorrerem no aqui e agora, mas nesses casos mencionados de bebês cardiopatas, a satisfação não pode ocorrer nesse mesmo tempo, uma vez que a doença o atravessa e faz com que mãe e pai não consigam vivenciar a chegada do bebê comemorando como em um nascimento *comum*, pois há intempéries entre o parto e o caminho para casa. E ainda, com relação ao futuro, refiro-me ao fato das interferências de todas as incertezas que existem quanto à evolução da criança cardiopata, em que tudo pode acontecer, a qualquer momento. Sendo assim, fica difícil tranquilizar-se, assegurar-se de que o bebê trará ao casal garantia da continuidade de sua existência, pois é um bebê que corre perigo diante da doença. Todas as incertezas tornam lábeis as expectativas dos pais com relação ao futuro do filho.

O parto, sendo o momento que marca a separação de dois organismos até então dependentes entre si, e traz subjetivamente tantas experiências significativas – inclusive o conflito da simbiose *versus* a individualidade, que nesse caso poderá trazer muitas ameaças reais à vida do pequeno bebê – torna-se um evento que propicia a atuação do psicólogo como um modo de auxiliar à mães e pais no encontro com seu filho. Essa nova forma de atuação, desde que oferecido aos casais que, de fato, puderam se beneficiar de um acompanhamento psicológico anterior e se vincularam ao profissional psicólogo, pode fazer com que mães, pais e bebês encontrem-se para conhecerem-se de modo natural e resgatando o real, não apenas com a doença, mas sim, *também* com a doença que precisará ser enfrentada.

---

[a] Termo que começou a ser utilizado pela psicanálise francesa, a partir da década de 1960, para marcar a dimensão de processo e de construção no exercício da relação dos pais com os filhos (Zornig, 2010)[11].

CAPÍTULO 1   13

REFERÊNCIAS BIBLIOGRÁFICAS

1. Couto M. Antes de nascer o mundo. São Paulo: Companhia das Letras; 2009. 277p.

2. Maldonado MTP. Psicologia da gravidez: parto e puerpério. 16ª ed. Petrópolis (RJ): Vozes; 1976. 229p.

3. Guidugli SKN. Coração aflito: a gestante à espera do bebê cardiopata. In Ismael SMC & Santos JXA (orgs.). Psicologia hospitalar: Sobre o adoecimento...articulando conceitos com a prática clínica. São Paulo: Atheneu; 2013. 27-34p.

4. Behaim M. Amor e ódio: a ambivalência da mãe. (trad. Inesita Barcelos Machado). Rio de Janeiro: Cia de Freud; 2007. 112p.

5. Soifer R. Psicologia da gravidez, parto e puerpério. (4ª ed). (trad. Ilka Valle de Carvalho). Porto Alegre: Artes Médica; 1986. 124p.

6. Szejer M, Stewart R. Nove meses na vida da mulher: uma aproximação psicanalítica da gravidez e do nascimento (2.ª ed.). (M. N. B. Benetti, Trad.). São Paulo: Casa do Psicólogo; 2002. 322p.

7. Battikha EC. A inscrição do estranho no familiar. In Cuidados paliativos em neonatologia: a escuta do indizível. In Kupfer, MC & Teperman, D. (orgs.). O que os bebês provocam nos psicanalistas. São Paulo: Escuta; 2008. 135-145p.

8. Krodi P. (2008). Cuidados paliativos em neonatologia: a escuta do indizível. In Kupfer MC & Teperman D. (orgs.). O que os bebês provocam nos psicanalistas. São Paulo: Escuta; 2008. 115-134p.

9. Szejer M. Palavras para nascer: a escuta psicanalítica na maternidade. São Paulo: Casa do Psicólogo; 1999. 219p.

10. Jerusalinsky J. Enquanto o futuro não vem: a psicanálise na clínica interdisciplinar com bebês. Salvador (BA): Ágalma; 2002. 306p.

11. Zornig SMAJ. Torna-se pai, tornar-se mãe: o processo de construção da parentalidade. Tempo psicanalítico, 2010. 42(2): 453-470p.

Capítulo 2

Sobre a Transferência na Clínica com Gestantes de Bebês Cardiopatas

Simone Kelly Niklis Guidugli

"A angústia é o pressentimento de uma dor futura, enquanto a saudade é a lembrança triste e complacente de uma alegria e de uma dor passadas" (Nasio, 1997, p. 27)[1].

A clínica com gestantes de fetos cardiopatas pode ser considerada para além de uma clínica da maternidade. Essa é, sem dúvida, uma clínica na qual a condição emocional das pacientes traz à tona os mais diversos conflitos, dentre eles, o principal pesadelo que uma mulher grávida poderia ter, o de gestar um bebê malformado.

Há alguns anos venho acompanhando as pacientes que são atendidas na Unidade Fetal do Hospital do Coração, as quais trazem uma suspeita de diagnóstico cardíaco do feto, situação na qual a equipe de ecocardiografistas fetais da instituição confirmará ou descobrirá qual o diagnóstico, para seguimento dessas pacientes, seja após o parto ou ainda no período intraútero.

Após o diagnóstico ser noticiado pela equipe médica ao casal, este passa a ser acompanhado pela equipe multidisciplinar. Dentre os atendimentos realizados, as sessões psicológicas, juntamente ao contato constante, com as equipes de enfermagem e médica, acabam configurando o acompanhamento integral da gestante por toda a sua trajetória na instituição, do primeiro momento até o último – que pode ser após o nascimento do bebê, após o tratamento com a alta hospitalar ou ainda, em alguns casos, no óbito do bebê.

Diante desse acompanhamento, foi possível notar um modo de relação terapêutica que passou frequentemente a me intrigar. Caso após caso, havia

CAPÍTULO 2   15

uma forma de vinculação que aproximava "nossas pessoas" – a gestante e eu – de maneira bastante produtiva, mas para além disso, havia uma expectativa "a mais" nessa relação diferentemente de outras clínicas.

A escuta clínica necessariamente muito atenta e disponível foi sendo um aprendizado a cada paciente atendida. Havia a dor, o sofrimento, a decepção e a frustração pela malformação cardíaca do feto, mas ainda assim algo era diferente naquela relação terapêutica, não sabia ainda o que exatamente, mas sentia que existia algo.

Como psicóloga responsável pelos atendimentos nessa Unidade, e através de uma escuta fundamentada na psicanálise, fui deparando-me com diversos casos das mais complexas cardiopatias congênitas. Algumas vezes, associadas a outras malformações, síndromes, condições instáveis físicas ou emocionais das gestantes, ou seja, nenhuma das situações poderia ser considerada *simples*. Todos eles me exigiam além da disponibilidade, da técnica e da escuta atenta, também algumas *quebras de paradigmas,* como, por exemplo, o fato de sair do habitual *setting* terapêutico – não com relação ao local de atendimento, o que no hospital costumeiramente já coloca o psicólogo em situação diferente do habitual consultório, com sala privativa e reservada – mas sim, com relação ao enquadramento necessário para o desenvolvimento de uma psicoterapia. Então, de acordo com as emergências físicas e/ou subjetivas de um processo gestacional, fazer contato via telefone ou outro meio, com uma gestante que se encontra mobilizada e amedrontada, foi uma das formas possíveis utilizadas para atender à demanda, naquele momento. Além disso, o próprio acompanhamento psicológico durante o parto foi o maior paradigma quebrado e que deu início ao trabalho rotineiro e de fundamental importância que o Serviço de Psicologia passou a oferecer às gestantes, conforme discorrido no capítulo "A chegada do bebê cardiopata: a psicologia também está na sala de parto!", desta mesma obra.

Deve-se levar em consideração que a gravidez é um dos três períodos críticos de transição para a mulher, juntamente com a adolescência e o climatério. Esses três períodos são caracterizados por inúmeras modificações metabólicas, estado temporário de equilíbrio instável, necessidade de novas adaptações e reajustamentos interpessoais e intrapsíquicos, além de mudança de identidade[2].

Assim, a mulher entra em um período de crise, sem que tenha consciência disso, e segundo Maldonado[2] "a solução elaborada por uma pessoa ao superar uma crise pode ser saudável ou doentia, implicando melhora ou piora". A autora destaca ainda que, no período em que a mulher está nesse "estado temporário de equilíbrio instável" (p. 24), ela está mais vulnerável e acessível à ajuda. Sendo assim, qualquer tipo de intervenção eficiente pode ser mais bem absorvida e aproveitada nesse momento do que em "períodos de equilíbrio estável" (p. 24), nos quais diversos mecanismos defensivos – a depender do funcionamento psíquico de cada uma – estão mais rigorosamente atuantes[2].

Os apontamentos de Maldonado[2] vêm ao encontro ao que se observa na prática, na qual parece haver uma demanda definitivamente *intensa*, nos vários sentidos que a palavra possa ter, para que a escuta analítica ocorra como um modo de intervenção que auxilie nesse processo psíquico de elaboração quanto à descoberta do diagnóstico fetal.

Essa intensidade percebida, que chama a atenção, que afeta o outro, que invade a sessão, que produz material de análise, só poderia então se tratar de algo muito conhecido na psicanálise, o mecanismo da transferência!

A transferência

"Se a necessidade que alguém tem de amar não é inteiramente satisfeita pela realidade, ele está fadado a aproximar-se de cada nova pessoa que encontra com ideias libidinais antecipadas" Freud (1912/2006, p. 112)[3].

Freud[3], em seu artigo "A dinâmica da transferência", discorre sobre a importância que o analista deve dar às formas de amor transferencial manifestadas no decurso de uma análise. Em suas palavras,

é perfeitamente normal e inteligível que a catexia[a] libidinal de alguém que se acha parcialmente insatisfeito, uma catexia que se acha pronta por antecipação, dirija-se também à figura do médico (p. 112).

---

[a] Catexia é o nome dado ao investimento de uma determinada energia psíquica ligada a uma representação ou grupo de representações, a uma parte do corpo, a um objeto, etc. (Laplanche e Pontalis, 2012, p. 254)[4].

O que Freud há um século nos trouxe foi a valiosa descoberta desse *algo a mais* na relação terapêutica, isso que se percebe mas leva-se um tempo para decifrar esse investimento que o paciente faz na relação e que precisa do conhecimento, da habilidade e da sensibilidade do analista para ser manejado de forma produtiva na relação terapêutica.

A transferência, nos diz Freud[3], pode ser superficialmente *dividida* como positiva ou negativa. A primeira está relacionada com os sentimentos afetuosos do paciente para com o analista, e está, em certa parte do tempo, atuante em favor da relação terapêutica, por exemplo, quando o paciente consegue trazer seus conteúdos emocionais mais íntimos de modo que se sinta à vontade com o analista, ou ao que Freud aponta que é um "servir para facilitar as confissões" (p. 116).

A transferência positiva divide-se, por sua vez, em transferência de sentimentos amistosos ou afetuosos, os quais são suportáveis à consciência, e transferência de prolongamentos desses sentimentos no inconsciente – ao que Freud[3] ressalta que invariavelmente remontam a fontes eróticas, ou seja,

> (...) todas as relações emocionais de simpatia, amizade, confiança e similares, das quais podemos tirar bom proveito em nossas vidas, acham-se geneticamente vinculadas à sexualidade e se desenvolveram a partir de desejos puramente sexuais, através da suavização de seu objetivo sexual, por mais puros e não sensuais que possam parecer à nossa autopercepção consciente (p. 116)

Com relação ao segundo tipo – a transferência negativa – configura-se pelos sentimentos agressivos e hostis direcionados na relação e que se mostram de modo a serem uma resistência ao processo analítico, mais difícil, portanto, de ser manejado pelo analista e pelo próprio paciente, ainda que de maneira inconsciente, a fim de que não interrompa o progresso de sua análise.

A princípio, a transferência foi vista como um obstáculo por Freud, assim como a contratransferência – sentimentos provocados no analista – mas foi considerada, ao longo do tempo e das experiências obtidas em seus atendimentos psicanalíticos, conforme afirma Joseph[5], "como uma ferramenta essencial no processo analítico ao observar como as relações do paciente com seus objetos originais eram transferidas, com toda a sua riqueza, para a pessoa do analista" (p. 162).

O bebê esperado é um bebê em perigo!

Conforme Szejer e Stewart[6], "um filho é, inicialmente, o desejo de um homem, o desejo de uma mulher e do encontro desses dois desejos nascerá um terceiro desejo, desejo de vida que vai se encarnar no corpo do filho" (p. 55). Schettini[7] afirma que o filho representa um terceiro na relação do casal, dando--lhes um novo sentido. Sendo assim, em uma situação comum, o filho vem completar o equilíbrio do casal, estabelecendo nessa relação uma verdadeira unidade.

Freud[8], em seu artigo "Sobre o narcisismo: uma introdução", já afirmava:

> (...) a criança concretizará os sonhos dourados que os pais jamais realizaram – o menino se tornará um grande homem, e a menina se casará com um príncipe como compensação para sua mãe... O amor dos pais, tão comovedor e no fundo tão infantil, nada mais é senão o narcisismo dos pais renascido, o qual transformado em amor objetal, inequivocamente revela sua natureza anterior (p. 98)

Assim, "sua majestade, o bebê" realizaria os sonhos e desejos que os pais não puseram em prática. A criança teria, conforme Freud[8], "mais divertimentos que seus pais, ela não ficará sujeita às necessidades que eles reconheceram como supremas na vida. A doença, a morte, a renúncia ao prazer, restrições à sua vontade própria não a atingirão", garantindo a satisfação plena e a imortalidade do eu, para os pais (p. 98). Ao filho são atribuídas todas as perfeições, bem como projetados todos os sonhos a que eles mesmos – pais – tiveram de renunciar. Trata-se de uma "revivescência", uma reprodução do narcisismo dos pais[1].

Nos casos atendidos, porém, há uma diferença importante, a doença cardíaca como intermediária nessa relação familiar, pois o bebê esperado é um bebê em perigo. Podemos pensar que não se trata apenas de uma diferença entre ter ou não uma doença ou um tratamento a ser enfrentado, mas sim de uma complexa situação em que mães, pais e bebês precisam superar dificuldades de todas as ordens, para chegarem a um estado de maior conforto e segurança emocional, até que os riscos quanto à integridade física do bebê sejam minimizados.

Sendo assim, a observação que se tem na realidade dessa clínica, é a de que o bebê não somente é um depositário de expectativas, sonhos e projetos, como também o é de vida. Espera-se, sobretudo, que o bebê viva! E é sob esse

DO NASCIMENTO À MORTE: NOVOS CAMINHOS NA PRÁTICA DA PSICOLOGIA HOSPITALAR

cenário, que a gestante que carrega em seu ventre o perigo de um bebê com o coração malformado, relaciona-se com a equipe de saúde.

Nesse lugar de profissional, que observa as expectativas frustradas de uma mulher, de um casal ou de uma família inteira sobre o bebê real doente, que me deparo também, com o fenômeno da transferência na clínica da cardiologia fetal, onde a cada encontro tem-se a possibilidade de oferecer à futura mãe o espaço para a expressão de suas angústias.

Nesses encontros, é possível perceber a necessidade de expressar as repercussões emocionais, que surgem a partir da situação do diagnóstico cardiológico fetal. As gestantes mostram-se, em grande parte dos casos, entristecidas e frustradas, por vezes desesperançosas e iradas, com a realidade que o bebê lhes impõe. Ao mesmo tempo, encontram-se amedrontadas, imensamente angustiadas com as possibilidades de perda do filho, seja intraútero – em alguns casos há grandes chances de evolução para o óbito fetal – seja após o nascimento, quando surge o sentimento de impotência, "pois a partir daí, seu bebê estará jogado à própria sorte"[9] (p. 30).

Diante de toda a demanda emocional percebida no atendimento à gestante de feto cardiopata, torna-se importante o psicanalista dar-se conta do seu papel de receptor e tradutor e participante do mecanismo da transferência, uma vez que ela é "o *modus operandi* do processo analítico"[10] (p. 78).

Nessa relação profissional, há um vínculo de confiança que é fundamental para que todo o trabalho se desenvolva, e na prática, na maioria das vezes é o que acontece. As gestantes parecem sentir um importante desamparo diante da descoberta da doença fetal, e o encontro realizado para o cuidado emocional torna-se, com sua especificidade de possibilitar a expressão dos sentimentos, o único momento em que se sentem, de fato, cuidadas.

Então, ao profissional são transferidos os afetos mais intensos vivenciados nesse período crítico, e se diante da gravidez há sofrimento por não encontrar uma saída materna de salvamento ao bebê, o que se pode dizer do parto, momento no qual esses dois corpos se separam – mãe e bebê – e a ela cabe entregar-lhe "parte de si mesma" – o bebê – para que o profissional especializado ofereça os cuidados necessários para que a vida se mantenha intacta?

20

CAPÍTULO 2

Refletindo sobre a situação do parto, as pacientes demonstram antecipadamente – na maior parte das vezes –, a expectativa de que o psicanalista esteja ao seu lado, oferecendo o suporte que não é o mais habitual em uma sala de parto.

O centro cirúrgico, local onde são realizadas as intervenções mais impensáveis para o consciente humano, talvez possa ser considerado no hospital o espaço que traga às pessoas a mais intensa ambivalência. Ao mesmo tempo em que pode oferecer fundamental estrutura para tratar doenças, recompor condições clínicas de maneira invejável e salvar vidas, é também – de longe – o local menos esperado de ser frequentado pela maior parte dos pacientes, quando pensamos nos sujeitos mais saudáveis do ponto de vista emocional.

Habitualmente não se tem, sobre o centro cirúrgico, a referência de local mais acolhedor do hospital, até pelo motivo de não ser o local e sim o ambiente – o que envolve os sujeitos participantes – que pode oferecer ao outro o acolhimento. Foi pensando nisso que a percepção da transferência positiva manifestada, por grande parte das gestantes durante os atendimentos no pré-natal, que fizemos a proposta de acompanhá-las na sala de parto, conforme melhor descrição no capítulo sobre partos desta mesma obra.

Diante disso, o momento do parto, nesses casos todos cesáreos, com suas características peculiares de um *procedimento médico para a retirada do bebê*, no qual há uma equipe para oferecer todos os cuidados que os corpos – da mulher e do bebê – necessitam, pode tornar-se angustiante e desolador. A prática clínica fornece dados suficientes para se afirmar que além dos cuidados físicos, há uma intensa necessidade de cuidados de ordem emocional, corroborando com o apontamento de Iaconelli[11] (2005) sobre a situação de parto, a autora diz "para além das dores do parto, existe o desconforto do desamparo e do abandono vividos" (p.79).

As expectativas depositadas na figura do profissional nessa situação relacionam-se ao amparo, ao cuidado dos afetos – diferentemente do cuidado afetivo –, ao suporte e acolhimento para a situação ameaçadora que se faz presente no momento da chegada do bebê cardiopata.

Entendo que a função desempenhada nessa clínica e sobretudo nas situações de parto, ocorre em decorrência da relação transferencial positiva que existe nesses casos. Segundo Freud[3], "não é fato que a transferência surja com maior intensidade e ausência de coibição durante a psicanálise que fora dela" (p. 113), o que me faz pensar que na instituição hospitalar, que não tem nenhuma semelhança com o *setting* ideal para a realização da psicanálise, a transferência possa acontecer, por um motivo principal, o fato de a transferência ser um fenômeno relacional, ou seja, está presente em todas as nossas relações. O psicanalista estará, então, atento aos sinais da transferência na relação estabelecida com seu paciente.

Sendo a transferência compreendida como um processo pelo qual os desejos inconscientes se atualizam sobre os objetos, a depender do tipo de relação estabelecida, penso que a atenção do analista sobre aquilo que está ocorrendo entre ele e o analisando deve ser apurada, porque é nessa relação que poderá compreender melhor todo o conteúdo apresentado pelo analisando.

O modo como acredito que as pacientes em questão usam(-me) o analista no momento do parto, parece dizer muito sobre a representação da função materna nessa situação, na qual podem depositar suas atitudes mais infantis e dependentes, ou, ainda, hostis e agressivas, em uma relação em que demonstram se sentir mais seguras.

Alguns breves relatos de parturientes podem ilustrar as situações aqui mencionadas, tais como: *"doutora, fala comigo, quando você fala, eu me acalmo"*, como se a voz da analista trouxesse-lhe possivelmente a calmaria condizente ao *holding*[b], ou ainda *"se você não estiver lá na hora do parto eu vou arrancar seus cabelos...(risos)"*, demonstrando "com humor" a hostilidade possivelmente sentida pela própria realidade da doença do bebê, projetando na analista a ambivalência materna de amor e ódio.

Nos dois casos, parece-me que o apelo emocional é por amparo, como o amparo materno, que acalma, assegura e conforta. Cabe ao analista captar com atenção o conteúdo apresentado nessa relação para conseguir acolher tal demanda e permitir que a escuta analítica seja ampliada através disso.

---

[b] *Holding* é o conceito formulado por Winnicott que se refere à sustentação do bebê, em termos de toque de seu corpo e toda a rotina de cuidados, no período de dependência absoluta do bebê, protegendo-o também de agressões fisiológicas[12].

A noção de *holding* na teoria winnicottiana mostra-se então de extrema importância para o manejo clínico na relação transferencial, devendo ser utilizada de modo pleno nessa realidade em que a sustentação da paciente não seja interrompida, até que ela mesma possa resgatar – ou encontrar – sua autonomia e conhecer-se como mãe, mesmo em suas maiores aflições, nessa realidade perpassada pela doença cardíaca, conseguindo assumir a relação com seu bebê.

Considerações finais

Diante das reflexões apresentadas neste capítulo, faz-se importante ressaltar que o profissional que se envolve no atendimento e cuidado emocional às pacientes gestantes, sobretudo na clínica da cardiologia fetal, precisa estar não apenas preparado de modo teórico e técnico para favorecer um atendimento adequado às pacientes, mas também precisa estar disponível a dar-se conta de certa "dose" de emoções que lhe podem ser suscitadas.

Como vimos, a transferência faz parte do cerne das relações humanas, e não seria possível ocultar tal fenômeno, em nome de uma vertente cética e objetiva da ciência, o que, por vezes, *desempodera* o sujeito e sua subjetividade. Cabe ao profissional que cuida dos conteúdos emocionais do outro, em momentos de crise, preparar-se cientificamente, mas também cuidar-se.

O cuidado pessoal por meio da análise do próprio analista já era incentivado por Freud[3] aos jovens psicanalistas, quando afirmou

> (...) todo aquele que tome o trabalho a sério deve escolher este curso, que oferece mais de uma vantagem; o sacrifício que implica revelar-se a outra pessoa, sem ser levado a isso pela doença, é amplamente recompensado (p. 130).

Penso que, para o analista, "não há saída", ele só conseguirá alcançar as significações subjetivas de seus pacientes, caso consiga se deparar e tratar a sua própria subjetividade. Uma relação somente acontece se há pelo menos dois sujeitos envolvidos, e na relação transferencial, analisando e analista fazem parte de um mesmo cenário, revezando-se, no entanto, nos papéis de protagonista e coadjuvante, a depender do ato encenado.

REFERÊNCIAS BIBLIOGRÁFICAS

1. Nasio JD. Lições sobre os sete conceitos cruciais da Psicanálise. Trad. Vera Ribeiro. Rio de Janeiro: Jorge Zahar; 1997. 171p.

2. Maldonado MTP. Psicologia da gravidez: parto e puerpério. 16ª ed. Petrópolis (RJ): Vozes; 1976. 229p.

3. Freud S. A dinâmica da transferência. Vol XII. In S. Freud, Obras Psicológicas Completas. Rio de Janeiro: Imago; 2006 (trabalho original publicado em 1912). 109-119p.

4. Laplanche J, Pontalis JB. Vocabulário da Psicanálise (4a ed.). (Pedro Tamen, Trad.). São Paulo: Martins Fontes; 2001. 552p.

5. Joseph B. Equilíbrio psíquico e mudança psíquica: artigos selecionados de Betty Joseph. Rio de Janeiro: Imago; 1992, 230p.

6. Szejer M, Stewart R. Nove meses na vida da mulher: uma aproximação psicanalítica da gravidez e do nascimento (2.ª ed.). (M. N. B. Benetti, Trad.). São Paulo: Casa do Psicólogo; 2002. 322p.

7. Schettini LF. Uma psicologia da adoção. Ide, 2001. 34, 6-9p.

8. Freud S. Sobre o Narcisismo: uma introdução. Vol. XIV. In S. Freud, Obras Psicológicas Completas. Rio de Janeiro: Imago; 2006. (Trabalho original publicado em 1914). 77-108p.

9. Guidugli SKN. Coração aflito: a gestante à espera do bebê cardiopata. In Ismael SMC & Santos JXA (orgs.). Psicologia hospitalar: Sobre o adoecimento...articulando conceitos com a prática clínica. São Paulo: Atheneu; 2013, 27-34p.

10. Kupermann D. Presença sensível: a experiência da transferência em Freud, Ferenczi e Winnicott. Jornal da Psicanálise, dez 2008. 41 (75): 75-96p.

11. Iaconelli V. Maternidade e Erotismo na Modernidade: assepsia do impensável na cena de parto. Revista Percurso, 2005. 34(1): 77-84p.

12. Abraham J. A linguagem de Winnicott: dicionário de palavras e expressões utilizadas por Donald W. Winnicott. (trad. Marcelo Del Grande da Silva). Rio de Janeiro: Revinter; 2000. 305p.

Capítulo **3**

A Interface do Vínculo
Mãe-Bebê na UTI Cardiopediátrica

Janaina Xavier de Andrade dos Santos

> "[...] é apenas após a experiência especular, que a criança repete experimentalmente por suas idas e vindas deliberadas diante do espelho, que ela começa, de certa forma, a se apropriar de seu próprio corpo e armadilhar além de seu narcisismo. (...) Em particular, seu próprio rosto, que o espelho lhe revela e que será doravante indissociável de sua identidade, solidária de seu corpo, tórax, tronco membros, convence a criança de que ela é semelhante aos outros humanos, um dentre eles".
> (Dolto, 2002, p. 129)

O presente capítulo visa conjecturar sobre a observação e prática clínica na UTI Cardiopediátrica e tônicas que perpassam a vivência da díade mãe-bebê, atravessada pelo adoecimento e marcada por tantas urgências (físicas e psíquicas). À luz da psicanálise, pretende-se delinear as características da Unidade e circunstâncias peculiares que abarcam a dinâmica contemplando a dupla referida e articulando com teóricos o repertório de ambos.

A psicanálise conclama a relevância das relações iniciais e o estabelecimento do vínculo com a mãe na vida do bebê como alicerce para o seu desenvolvimento, mas como podemos pensar sobre essa temática integrada à rotina de uma UTI Cardiopediátrica?

Realmente, essa pergunta parece ser um dispositivo e um convite relevante para iniciarmos a compreensão dos desdobramentos desse processo nessa Unidade.

CAPÍTULO 3

A maternidade e o herdeiro simbólico de seu desejo

A literatura contemporânea discorre que a maternidade oferece à mulher a oportunidade de revisitar seu próprio nascimento, renascer como mulher e tornar-se mãe.

A maternidade no contexto aqui referido vem acompanhada da necessidade de hospitalização do bebê. As implicações inerentes e a proximidade de todo aparato peculiar a esse âmbito mobilizam questionamentos e reflexões efetivas e afetivas sobre o tornar-se mãe de um bebê com uma malformação.

A patologia congênita, como o próprio nome denota, nasce com o indivíduo, assim como nasce também a mãe, que diante de fissuras simbólicas engendradas durante a gestação, considerando o conhecimento do diagnóstico prévio, é convocada a submergir no processo de constituição da maternidade.

As imagens provenientes de suas identificações, carregadas de desejos e idealizações, subitamente são rompidas e suas referências desorganizadas ao nascimento do filho com malformação. Durante a gravidez, existe uma relação imaginária, na qual o bebê é representado com um "corpo imaginado" com todas as características de um bebê completo, e é nesse "corpo imaginado" que a libido materna investe[1].

O diagnóstico parece sentido como a representação de uma sentença... Um veredito. No confronto com a percepção de si mesma e com o luto do filho perfeito, o bebê passa significar a descontinuidade ou atualização de suas antigas feridas narcísicas, tendo em vista que o filho é considerado a extensão de si mesma e *herdeiro simbólico de seu desejo*[2].

Frente à malformação, um abismo entre o que foi imaginado e o desejado se impõe, e a relação com os bebês e o cuidado a eles dispensados são cerceados... Dar banho, pegar no colo, trocar a fralda, amamentar entre outros, tornam-se interações longínquas nesse primeiro momento, onde a mãe se sente destituída de suas competências e de seu potencial de sustentação.

Após o nascimento e tratamento cirúrgico, muitas vezes realizado nos primeiros dias de vida do bebê devido à complexidade da cardiopatia, um novo cenário se apresenta. A concretude de um ambiente (UTI) marcado pelo desconhecido, o medo, a insegurança e um discurso médico absolutamente singular, provido de notícias objetivas, mas nem sempre encorajadoras, parecem ecoar na dinâmica emocional da mãe, produzindo ruídos psíquicos e emocionais, o que definitivamente denunciam e ratificam que não se trata de uma Maternidade.

A aproximação e o contato da mãe com a pele do bebê são circunscritos pela presença de eletrodos de monitorização, drenos, cateter venoso central e arterial; a oferta do seio materno é substituída pela sonda; o leite, pela fórmula láctea; o colo, pelo berço aquecido e o choro do bebê silenciado, pelo tubo endotraqueal.

Em seu entorno, o constante e intenso fluxo de profissionais, a intermitência do barulho dos monitores e bombas de infusão, a manipulação recorrente, bem como a incisão cirúrgica na região torácica, confirmam a condição e a dimensão de fragilidade do bebê, dificultando que a imagem corporal deste, devido às particularidades das condições clínicas intrínsecas ao quadro, reverbere na falta de um elemento integrador, que é a impossibilidade do olhar do bebê endereçado à mãe naquele momento.

Ainda que nas condições descritas a manifestação do contato afetivo com a mãe possibilitará ao bebê consentir o contorno erógeno de seu corpo, uma vez que as verossimilhanças que a mãe lhe confere propiciam o investimento do corpo da criança, dando-lhe sentido e permitindo que sua imagem corporal possa começar a se construir, daí também a necessidade da presença da mãe, que favorece um efeito organizador para o bebê.

O espelho rachado e o vínculo

A função materna relacionada com o processo de desenvolvimento da representação simbólica, desde os momentos iniciais no contato com o bebê, exerce a tarefa de ir introduzindo o ser humano na linguagem e no mundo simbólico[3].

> A função simbólica é fundadora do ser humano. É ela que permite ao filho do homem, nascido impotente para sobreviver sem a tutela parental, desenvolver uma relação inter-humana de dependência fundamental primária daqueles que desempenham, em relação a ele e o papel de provedores e posteriormente de tutores[3]

Há de se considerar, ainda, a vulnerabilidade ao nascer do bebê e a dependência do outro que apresenta para sobreviver, física e psiquicamente, a qual chamou Freud (1895/1976) de *desamparo primordial*[4], o que nos leva a pensar que o amparo oferecido pela mãe ou quem representa a função materna compõe, portanto, uma etapa estruturante imprescindível para o bebê se constituir e seu psiquismo ser formado.

Em alguns casos, o contato da mãe com o bebê passa por dificuldades, tais como aproximar-se e tocar o bebê, pelo medo de causar desconforto e provocar dor; outras, pelo filho ser portador de uma cardiopatia grave com riscos iminentes de morte e em sua fantasia destacar-se que se vincular à criança implicaria sofrimento maior, caso esta viesse a falecer.

O bebê após o tratamento cirúrgico permanece intubado, sedado, além de receber outros cuidados intensivos. Ultrapassado o processo de recuperação, em virtude da evolução clínica e resposta adequada ao procedimento, o tubo endotraqueal é retirado, inicia-se o desmame das drogas e do suporte ventilatório.

Ainda existe outra possibilidade que se trata da síndrome de abstinência, que por vezes ocorre e se dá devido à *dependência física por uso crônico de opioides e que é caracterizada por dilatação pupilar, instabilidade da temperatura corporal, taquicardia, taquipneia, vômitos, diarreia, dor abdominal, alterações neurológicas como agitação, convulsões e choro irritadiço*[5].

Embora seja um quadro transitório, é relevante mencionar, uma vez que é nesse emaranhado de sintomas e comportamentos inesperados que a mãe impactada e tomada por inquietudes, medo e insegurança encontra o seu filho, que por todos os desdobramentos fisiológicos aqui mencionados, frustra-se pelo bebê não conseguir reconhece-la e vice-versa.

> "Eu sei que o meu filho não é perfeito e não é normal. Desde que nasceu vem sofrendo muito!
> Ele é diferente do meu outro filho..."
> (Mãe, 40 anos, ao acompanhar o filho em estágio pré-óbito)

O enunciado e advento de um filho *imperfeito* conduzem a mãe a descortinar a marca de uma falta e, no anseio de resguardar o imperfeito, o conceitua como *diferente*.

A contar pelo diagnóstico e repercussões clínicas, a mãe apresenta uma tentativa de inscrever o seu bebê em um *grupo de pertencimento*[6] (ser diferente), que lhe forneça um lugar seguro em uma parte da realidade, na comunidade, a qual seja participante e que possa ser reconhecido pela igualdade de traços e

A INTERFACE DO VÍNCULO MÃE-BEBÊ NA UTI CARDIOPEDIÁTRICA

acolhido pela convivência com um nicho de pessoas com experiências semelhantes durante seu desenvolvimento e maturação.

Para que o vínculo se estabeleça, é necessário que investimentos narcísicos da mãe dirijam-se ao bebê como objeto reconhecido e legitimado, em um processo de espelhamento[a]. Ocorre, então, uma identificação da mãe com o bebê, mas o contrário, isto é, a dificuldade de identificação, com o corpo do bebê como objeto a ser investido, promove uma fragilidade dela e do vínculo[7].

Assim, se o bebê for sentido como um objeto de trauma, isto é, de significar o que não pode ser representado, o processo de identificação da mãe fica prejudicado e o "espelho rachado"[8]. Esses desencontros podem influenciar o psiquismo do bebê, uma vez que sua atuação com ele pode ser fraturada e torna-se deficitária.

A fragilidade no estabelecimento do vínculo pode ser compreendida como um mecanismo de defesa importante para a mãe manter-se integrada. Sendo assim, a recusa de contato com o bebê, o envolvimento e a interação com o mesmo, pode ser inferida como um modo de evitar a atuação da pulsão de morte, cuja orientação é o desligamento psíquico, o que pode repercutir em sentir-se angustiada.

A intervenção nesse momento visa facilitar e oferecer um respaldo para que a mãe possa paulatinamente mudar da posição de silêncio e medo, para outra que a insere enquanto sujeito e efeito de linguagem direcionada ao bebê, a incentivando a conhecer as expressões, as convocações, as particularidades dos gestos e comportamentos do bebê quando estimulado.

Em consonância com a concepção de Dolto[9], "as intervenções clínicas pela palavra pretendem amenizar o sofrimento da criança, fazendo desaparecer os sintomas, visto que pretende elevar ao nível simbólico tudo o que acontece com ela".

A nossa posição enquanto psicanalistas é trabalhar no sentido de restaurar o desejo da mãe endereçado ao bebê, certificando-a sobre suas possibilidades de cuidar por meio do desejo parental da linguagem presente manifesta no olhar,

---

[a] O espelhamento trata-se de uma dificuldade de identificação, em que antes de se encontrar com seu filho, a mãe se encontra com um corpo, a partir do qual libidiniza e constitui psiquicamente o bebê[7].

nos toques, nas atitudes e em seus movimentos presença-ausência, tudo perpassa por palavras audíveis ou não[10].

> É a palavra que, em virtude da função simbólica, acarreta mutações de nível do desejo: da satisfação erótica parcial à relação de amor que é comunicação de sujeito para sujeito ou, antes, do pré-sujeito (lactante) ao sujeito que é a mãe, objeto total para seu bebê, a quem ele serve de referência em relação ao mundo e a ele mesmo[2].

As intervenções psicanalíticas visam facilitar junto à mãe o enfrentamento do adoecimento de seu filho e o reasseguramento de sua potência maternal. Medos, frustrações e expectativas são contemplados nas subjetividades emergentes e urgentes, inerentes ao vivenciado dentro dessa unidade e a escuta analítica parece ser o termômetro e a bússola que direciona sobre a melhor conduta a propiciar um cuidado integrado.

Possibilita-se pela intervenção, que a mãe a partir de sua relação com o desejo enderece ao bebê palavras que transponham o vazio do diferente e do não dito, articulando sentidos que assinalem e insiram marcas no sujeito, daí uma das razões em empoderar as mães a se apropriar dessa fala carregada de desejo e historicidade.

Nesse ponto, cabe inserir um fragmento do discurso de uma mãe, cujo bebê de seis meses apresentou uma piora considerável, com repercussões relevantes e comprometimento de sua aparência, quando ela verbaliza: "Eu não consigo mais olhar para ele. Este não é o meu bebê!".

Caso clínico

P., 32 anos, profissional da saúde, casada com V., 35 anos, empresário, ambos são pais de A., que nasceu às 38 semanas de gestação e de parto cesáreo.

Tratava-se do filho primogênito, cujos pais referem ter planejado e desejado.

A determinação pelo parto no Hospital do Coração se deu em virtude das implicações, gravidade e complexidade da cardiopatia congênita (síndrome de hipoplasia do coração esquerdo).

Após o parto, o bebê foi imediatamente encaminhado à UTI neonatal, para realização de exames, procedimentos e definições de conduta, onde se manteve estável.

No segundo dia de vida, em função de manifestações clínicas esperadas, o bebê foi submetido a um procedimento híbrido, no qual o cirurgião faz uma incisão no tórax do bebê de tamanho menor que as habitualmente realizadas para cirurgia cardíaca e realiza uma bandagem das artérias pulmonares, que implica a diminuição de sua circunferência, primando pela redução da pressão da artéria pulmonar.

Embora o procedimento já fosse previsto, os pais demonstraram intensa preocupação, ansiedade e angústia frente à proximidade da cirurgia, mas aproximaram-se do bebê e ternamente utilizando-se do "manhês"[b] (entonação especial que a mãe, investida libidinalmente na criança, apropria-se ao se dirigir ao filho) a mãe passou a contar para o filho que algo importante (cirurgia) iria acontecer nas próximas horas, para que os médicos pudessem cuidar do seu "dodói no coração" e complementaram verbalizando sobre o que ele representava para o casal, reafirmando sobre o quanto fora desejado.

O bebê, durante o momento de despedida antes de ser levado ao centro cirúrgico, manteve-se acordado e olhando para a mãe, como se tomado por uma harmoniosa melodia que o acalmava e que sugeria entendimento de algum modo sobre o que lhe fora dito.

Mathelin agrega sobre essas considerações, postulando que: "o bebê é sensível à voz, à fala e ao afeto veiculado pela linguagem. Ele identifica a voz da mãe, familiar a ele desde o útero, e reage diferentemente aos seus estados de ânimo[12]".

A troca de olhares, o contato físico, as expressões faciais e a tonicidade do diálogo dos pais com o bebê pareceram modular e capturar a singularidade daquele momento, que se deu pouco antes de o bebê ser encaminhado ao centro cirúrgico.

Ambos mantiveram-se compensados emocionalmente; no entanto, angustiados, entristecidos, com medo e especialmente pela sensação de impotência para atuar em benefício do filho, buscaram localizá-lo dentro da narrativa médica, que nesse momento representa a potência e a proximidade em relação ao seu bebê.

---

[b] Manhês é o prolongamento das vogais, que a torna mais lenta e sonora; aumento da frequência, que a faz mais aguda, e glissandos característicos que a tornam mais musical[2].

Durante o procedimento, o bebê apresentou uma intercorrência importante e voltou à Unidade dependente de oxigenação extracorpórea, ou seja, adaptado a uma máquina que substitui as funções do coração e do pulmão, sendo necessário manter-se a abertura feita no tórax, pois a mesma fica acoplada ao corpo do bebê. O silêncio da mãe é gritante... A imagem corporal do bebê encontra-se prejudicada, e o espelho, dilacerado. Contudo, fazendo frente a sua profissão, refere compreender o quadro e pontua que não precisa de auxílio psicológico nesse momento, o que parece ressoar que para manter o vínculo preservado era necessário defender-se racionalizando.

Após dois dias, a criança evoluiu com uma confirmação de infecção severa, ruptura intestinal e insuficiência renal irreversível.

A presença dos pais foi solicitada, o quadro clínico, esclarecido, e a notícia de que o bebê entraria em cuidados paliativos foi angustiante, triste e conflitante para o casal.

Para complementar o cuidado dos profissionais (médico, enfermeira e psicóloga) com os pais, ocorreu posteriormente uma conferência familiar para avaliar a compreensão dos pais, clarificar sobre o tratamento realizado e o resultado desfavorável às terapêuticas, permitindo um espaço para beneficiar a verbalização dos pais e realizar o acolhimento.

A morte era iminente... Houve o agravamento do quadro clínico, intensos procedimentos invasivos e a aparente degeneração física. Desconfiou-se de morte encefálica e alguns exames complementares para a constatação do diagnóstico foram iniciados. Em um deles, o médico chama a criança por algumas vezes, para avaliar a atividade elétrica cerebral, mas a resposta foi ausente.

A psicanalista incentiva a mãe a chamar pela criança, com o consentimento médico e o resultado é surpreendente... A criança apresentou alterações nos parâmetros, o que me fez pensar sobre a força do vínculo da mãe com o médico e o quanto a intervenção considerando o desejo da mãe em relação ao filho foi integrador. O investimento e o desejo ali direcionados encontraram sua função em resgatar a vida que ainda era presente. "Todo ser humano é desde a sua origem, da sua concepção, uma fonte autônoma do desejo."[13]

A atuação da psicanalista foi pontual, uma vez observada algumas resistências dos pais em relação ao acompanhamento, o que foi compreendido como a necessidade de oferecer espaço para a escuta do silêncio e visando preservar esse momento, muitas vezes solicitado pelos pais para elaborarem a perda do filho no seu tempo e com privacidade.

Considerações finais

Considerando a literatura e a prática clínica, torna-se indubitável a relevância em intervir junto à mãe em sua permanência na UTI, visando favorecer a proximidade, a comunicação, o olhar desta em relação ao bebê, implicando um despertar psíquico e ainda no contato físico, tendo em vista que o corpo do bebê é um atributo de expressão.

Na desconstrução dos imbricamentos encontrados na relação da díade frente ao adoecimento, é fundamental que a mãe encontre e legitime suas competências – assim como seja legitimada pelo olhar do psicólogo –, conhecendo e dando sentido, bem como atendendo e entendendo as competências de seu filho, contribuindo para subjetivação do bebê e assegurando o estabelecimento do vínculo.

REFERÊNCIAS BIBLIOGRÁFICAS

1. Aulagnier P. A violência da interpretação: do pictograma ao enunciado. Rio de Janeiro, Imago, 1979.
2. Dolto F. A imagem insconsciente do corpo. São Paulo, Perspectiva, 2002.
3. Dolto F. No jogo do desejo. V. Ribeiro, trad. 2ª ed. São Paulo, Ática, 1996.
4. Freud S. Projeto para uma psicologia científica. In: Obras Completas de Sigmund Freud. Rio de Janeiro, Imago, 1976 (originalmente publicado em 1895).
5. Miyake RS, Reis AG, Grisi S. Sedação e analgesia em crianças. Rev. Assoc. Med. Bras. [online]. 1998, vol.44, n.1, 56-64p.
6. Freud S. (1930) Mal-estar na civilização. In Edição Standard Brasileira das Obras Psicológicas Completas. Rio de Janeiro: Imago; 1980, Op. Cit., v. 21.
7. Schorn M. Discapacidad, una mirada distinta, una escucha diferente. Buenos Aires, Lugar Editorial, 2002.
8. Solis-Ponton L. La parentalidad: desafío para el tercer milenio – un homenaje a Serge Lebovici. México, Editorial El Manual Moderno, 2004. Organizadora. Construcción de la parentalidad. 11-22p.
9. Dolto F. Dificuldade de viver: psicanálise e prevenção das neuroses. Porto Alegre, Artes Médicas, 1988.
10. Bergès J, Balbo G. A criança e a Psicanálise. 2ª ed., São Paulo, Artes Médicas, 1997, p. 262.
11. Laznik MC, Parlato-Oliveira E. Quando a voz falha. Revista Mente e Cérebro: a mente do bebê, vol. 4, São Paulo, Duetto, 2006, 58-65p.
12. Mathelin C. O sorriso da Gioconda: clínica psicanalítica com os bebês prematuros. Rio de Janeiro, Companhia de Freud, 1999.
13. Dolto, F. O caso Dominique. Rio de Janeiro, Zahar, 1981.

Capítulo 4

Vivências da Família do Paciente Oncológico: Um Foco na Criança

Tathiane Barbosa Guimarães

"Não é uma coisa ruim que as crianças deveriam, ocasionalmente, e educadamente, colocar os pais em seu lugar"
Collete

Experiências da família do paciente com câncer

O câncer pode criar uma condição de fragilidade nos pacientes e em seus familiares, dificultando o processo de lidar com a doença. Entre os motivos que fazem a doença permanecer extremamente temida, há o estigma de que o câncer é uma das piores doenças que existem[1]. O estigma vinculado à doença permanece, a despeito dos avanços tecnológicos e clínicos na área. A crença tem como base o diagnóstico tardio, que contribui para diminuir a possibilidade de tratamento e de cura.

Os falsos conceitos comprometem não só o paciente, mas suas relações familiares. O estigma dificulta o diálogo sobre a doença e isso se agrava com a piora de prognóstico[1]. Uma vez que a doença afeta a família e o equilíbrio familiar, é indispensável encontrar maneiras de envolver toda a família[2,3], considerado-a como outros pacientes em tratamento, os "pacientes de segunda ordem"[4]. Sentimentos como insegurança, perda, medo e desespero serão vivenciados pelo paciente e pela família diante da doença, enfrentando a situação com os recursos que possui[5]. Esses recursos podem ser ou não funcionais, ou seja, adequados e efetivos à situação ou podem causar um maior sofrimento do que permitir uma vivência adequada da situação.

A interação familiar se transforma ao longo do tratamento, passando por períodos de otimismo, esperança e desestruturação, visto que o câncer pode entrar em remissão e recaída[5]. As autoras explicam que os períodos de desestruturação podem ocorrer devido à constante ausência do familiar em tratamento, às manifestações emocionais dos outros filhos ao adoecimento, como tristeza, ciúme e tendência ao isolamento, em função dos retornos frequentes ao hospital, o que pode gerar cansaço da família.

Durante a primeira metade do século passado, era costume da equipe de saúde informar somente aos familiares o diagnóstico e os efeitos colaterais dos medicamentos, por considerarem um ato de crueldade informar o paciente[6]. As mulheres diagnosticadas com neoplasia mamária, por exemplo, tinham pouca ou nenhuma informação sobre seu estado, situação denominada "conspiração do silêncio"[4]. A "conspiração do silêncio" é uma estratégia utilizada no meio intra e extrafamiliar, envolvendo os cuidadores e, por diversas vezes, a equipe de saúde. Essa estratégia consiste em não comunicar algumas informações aos membros considerados mais frágeis. O objetivo seria protegê-los e poupá-los do sofrimento. Dentre os "frágeis", estão os próprios pacientes e os familiares infantis. Lederberg[4] assegura que as consequências da "conspiração do silêncio" envolvem efeitos negativos nas relações familiares e no bem-estar individual. A informação mantida em segredo pode, em vez de proteger, causar sofrimento, por não permitir que os ditos frágeis expressem o que sentem e como percebem a situação que estão vivenciando.

A literatura revela que as famílias não sabem como ou não se percebem em condições de oferecer suporte à criança que vivencia o câncer de um irmão[5] ou parental[2,7-9]. Pais com câncer alegam que evitam revelar às crianças o diagnóstico com o intuito de protegê-los do *distress* e sofrimento[7] ou não querer "estragar" uma ocasião especial[8]. Alguns pais afirmaram querer evitar questões sobre a possibilidade de morte[8]. Além disso, os pacientes "estão frequentemente muito angustiados, sintomáticos ou emocionalmente esgotados para oferecer o suporte aos filhos da maneira que desejam"[2] (p. 511).

Ter um familiar em tratamento oncológico é uma situação pela qual a família não passa incólume. Prover um espaço para a família é essencial para que ela se sinta amparada, compreendendo que seu sofrimento tem acolhimento. Além da atenção dada ao paciente, é importante escutar e amparar o cuidador, verificar como se sentem e elucidar suas dúvidas. O papel de cuidador pode ser dividido, imposto ou assumido pelos familiares, que não se restringem aos adultos.

Ressalta-se que o familiar infantil pode se reconhecer como cuidador do familiar em tratamento, seja do irmão[10], como dos pais, avôs e avós e outros familiares[9].

Rolland[11] afirma ser positivo abordar as crenças da família sobre as causas da doença e crenças, visto que "as respostas geralmente refletirão uma combinação de informação médica, atributos individuais e mitologia familiar" (p. 2.592), como punição, culpa de terceiros, senso de injustiça, genética, negligência própria ou de terceiros e azar. O autor reitera a importância de desmistificar relações causais, o culpar a si ou outro, a vergonha e o câncer, pois tais crenças tornam extremamente difícil para uma família lidar com a doença e se adaptar de maneira funcional.

Quando o familiar é uma criança: desafios preventivos em Psico-Oncologia

Atualmente, o paciente oncológico recebe diversas informações sobre o tratamento, tais como quais efeitos colaterais esperar, como manejá-los e quais sintomas reportar ao cuidador. Entretanto, a maior parte das crianças em idade escolar e adolescentes não recebe suporte para interpretar e lidar com o impacto do câncer parental[2,9].

Independentemente do tipo de câncer, as famílias vivenciam questões com as quais lutam, muitas vezes com pouco ou nenhum recurso, o que Lewis[2] denomina *stuck points*, ou pontos de estagnação. O primeiro *stuck point* descrito pela autora está relacionado com o fato de as famílias não saberem como oferecer suporte à criança que vivencia um câncer parental. Quando questionadas sobre quem as ajuda a enfrentar o câncer da mãe, 11% das crianças mais jovens e 37% das mais velhas não souberam responder. Quando questionadas sobre o que a família fez para ajudá-la a enfrentar a situação, 25% das mais novas e 15% das mais velhas afirmaram que a família não tomou qualquer atitude para ajudá-las[2].

Moore & Rauch[7] afirmam que os pais reconhecem a importância de explicarem a situação de câncer na família aos filhos com a linguagem apropriada para a sua idade; entretanto, não tem certeza sobre como essa explicação deve ser. Embora a literatura sugira que os pais não oferecem suporte emocional por não saberem como, os dados encontrados por Welch, Wadsworth e Compas[12] sugerem que os pais nem mesmo percebem que os filhos estão desenvolvendo um quadro de *distress*. Os resultados também revelam que apesar do nível de *distress* dos filhos decair ao longo do tempo, os pais tampouco percebem mudança. No entanto, a literatura inclui como reações ao adoecimento parental: comportamentos disfuncionais, humor deprimido, ansiedade, raiva, desempenho escolar alterado, somatização, mudanças permanentes de desempenho cognitivo e em atributos de personalidade, como a autoestima[4].

Os irmãos saudáveis manifestam diversos sentimentos, como preocupação para com o irmão doente, para com os pais e em relação ao que acontece no hospital, além de ansiedade, depressão, piora no rendimento escolar, ciúmes, culpa, medo, tristeza, sensação de abandono, desamparo e raiva[4,5,13]. Isso indica que os irmãos podem vivenciar aspectos traumáticos da doença, mesmo não estando presentes constantemente com o paciente, como os pais. A falta de comunicação sobre o que acontece no hospital faz com que o irmão saudável fantasie respostas, em geral piores do que a realidade, pois tem como referência o modo como o paciente volta do hospital: perdendo cabelo, sentindo náuseas, vômitos e diarreia. Uma possível consequência negativa é o irmão se comportar como se fosse uma missão cuidar do familiar em tratamento, que é sua responsabilidade deixar o familiar bem ou que algo pode acontecer com o familiar caso ele falhe no cuidado.

Entre os sentimentos vivenciados pelo familiar infantil, o sentimento de medo pode ocorrer por várias razões, como o de também "pegar" câncer ou que os pais "peguem" – não reconhecendo que a doença não é infectocontagiosa – medo de perder o irmão, quando em estágio do desenvolvimento que reconhece óbito como possível. O ciúme está relacionado com a atenção que o irmão doente recebe dos pais e de outros familiares, podendo surgir a crença de que o paciente seja "especial" e o irmão saudável não. Crenças disfuncionais, isto é, pouco efetivas ou insuficientes, podem provocar a sensação de abandono, raiva e tristeza por não se ter mais a vida que se tinha e por não compreender, ou não ter estratégias para lidar com a nova configuração da família.

O sentimento de culpa pode ocorrer quando o irmão desejou que o outro, que desenvolveu câncer, ficasse doente e crê falsamente que tenha lhe causado a doença. Irmãos podem também criar uma falsa explicação de que a piora momentânea ou permanente do quadro do irmão paciente é culpa sua. O irmão saudável pode se sentir culpado também por ter ciúme e/ou raiva do irmão paciente. De modo semelhante, filhos de pacientes em tratamento oncológico desenvolvem explicações, algumas vezes equivocadas, para a doença, para o estado afetivo e os sintomas físicos dos pais[9]. Considerando que o paciente tenta se adequar à realidade que a doença impõe, seus familiares tentam fazer o mesmo. O irmão saudável, por vezes, altera sua interação com o irmão doente, mudando a relação de irmão para cuidador, visando ao bem-estar do irmão doente acima do próprio. Estar bem é ver o familiar bem.

Na pesquisa de Issel e cols., conforme citado por Lewis[2], as crianças revelaram perceber tanto o familiar paciente, assim como os outros familiares que mantêm a família unida, sobrecarregado pela doença e não querem acrescentar mais uma demanda. Algumas crianças não manifestam seus pensamentos, medos e sentimentos com o intuito de proteger o familiar doente e não causar mais tensão no relacionamento. O principal desafio das famílias ao apoiar o familiar infantil de um paciente oncológico é o fato de que as crianças não compartilham perguntas, preocupações e dúvidas[2].

No estudo de Guimarães[9] com 12 crianças, com idade entre sete e 11 anos, entrevistadas por ocasião do tratamento de câncer de um familiar adulto, concluiu-se que:

- Apesar de as crianças conseguirem nomear a doença e perceberem a gravidade da mesma, elas não identificam possíveis fatores de risco ou de proteção, revelando crenças causais equivocadas;

- As crianças não compreendem a diferença entre os sintomas da doença e os efeitos do tratamento, podendo equivocar-se, percebendo os efeitos do tratamento não como algo normal e esperado, mas como piora do estado de saúde do familiar;

- A doença é descrita como algo grave, ruim e que necessita cuidado;

- Pensamentos fantasiosos e falsos conceitos podem ocupar o lugar de informações não fornecidas por um adulto, ou não compreendidas pela criança;

- As crianças relatam receio que o familiar vá a óbito, mesmo com diagnóstico em fase inicial da doença;

- Predominaram estratégias de enfrentamento focadas na emoção, que não variaram ao longo da experiência da criança; e
- Os resultados indicaram ausência de suporte cognitivo e emocional, por parte da família, às crianças familiares de um paciente oncológico.

Guimarães e Araújo[14] elaboraram uma intervenção psicoeducativa com jogos eletrônicos, para crianças familiares de um paciente com câncer. Constatou-se que a intervenção favoreceu a ampliação de recursos para lidar com a experiência oncológica de um familiar, sendo recomendadas mais pesquisas sobre uso ferramentas eletrônicas em saúde. Destaca-se que as autoras criaram um *site* de domínio público (http://capitaoqt.yolasite.com), no qual podem ser acessados os materiais utilizados na intervenção, sendo estes (Figura 4.1):

- História em quadrinhos: conjunto de figuras representando o corpo humano; células; processo de divisão celular e 'malignização' das células; função dos linfócitos.
- *Site*: tendo como base a história em quadrinhos, o *site* veicula informações - transmitidas em texto, áudio e imagens, sobre o desenvolvimento do câncer e as modalidades terapêuticas geralmente indicadas.

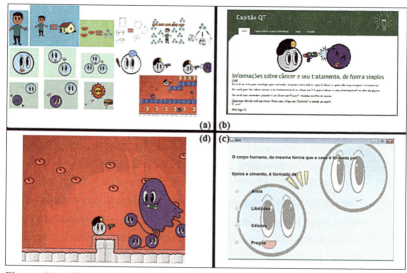

Figura 4.1 – *Ilustração dos materiais: (a) história em quadrinhos, (b) site, (c) quiz e (d) jogo de plataforma.*

São abordados os seguintes conteúdos: definição de célula, processos de mutação, mecanismos de defesa do sistema imunológico, caracterização dos tratamentos (quimioterapia, radioterapia e cirurgia) e seus efeitos colaterais.

- *Quiz*: jogo de apresentação de perguntas com diferentes opções de resposta para indicação da correta. Como exemplo de questão formulada: "Da mesma maneira que uma casa é formada por tijolos e cimento, o corpo humano é formado por: a) areia; b) libélulas; c) células; d) pregos".

- Jogo de plataforma: atividade lúdica disponibilizada em espaço virtual (em duas dimensões ou 2D), na qual o jogador utiliza um comando para atirar e eliminar as células cancerosas por meio de um 'avatar' – denominado Capitão QT –, que se desloca nas quatro direções (para cima, para baixo, à direita e à esquerda).

Em estudo com irmãos adolescentes de sobreviventes oncológicos pediátricos, Alderfer e cols.[13] investigaram se os irmãos vivenciavam transtorno de estresse pós-traumático (TEPT). Entre os 78 irmãos que responderam a um questionário de ansiedade, TEPT e percepção do câncer, 49% apresentavam TEPT em nível leve, e 32% de moderado a severo. Mais da metade avaliava o câncer uma doença assustadora e difícil e 25% dos entrevistados acreditavam que o irmão iria a óbito durante tratamento. Comparados com o grupo-controle, os irmãos manifestam mais TEPT e similar nível de ansiedade. Apesar de serem poucos os estudos que abarcam tal tema, são observadas altas taxas de sintomas de TEPT entre os irmãos de sobreviventes ao câncer pediátrico.

A literatura indica que filhos de pacientes oncológicos, com idade a partir de sete anos, expressaram preocupação em relação à morte do familiar em tratamento; a como eles lidariam com a progressão da doença; ao desejo de não incomodar o familiar com suas perguntas; à sua própria saúde ou a de seus irmãos; e temores sobre pós-falecimento, que abarca a perda de um confidente e o impacto da ausência[9,15]. O estudo de Kennedy e Lloyd-Williams[15] abordou, também, o impacto dos efeitos colaterais do tratamento sobre as crianças e sua dificuldade em ver o familiar doente ou sofrendo. Com o fim dos efeitos colaterais e o familiar se sentindo melhor, as crianças também se sentiam melhor, relacionando o "parecer bem" com "melhorando". O estudo de Haverman e Eiser, conforme citado por Woodgate[10], com dados semelhantes, revelou que ver as mudanças físicas do irmão em tratamento oncológico é o aspecto mais difícil de lidar. A partir desse dado, percebe-se a importância de se explicar que mudanças físicas, como alopecia, são normais e esperadas, e que elas não significam, necessariamente, uma piora de prognóstico.

O câncer parental e o enfrentamento, as estratégias de enfrentamento descritas pelas crianças apontam que as estratégias focadas na emoção são as mais adotadas[9,15]. Racionalização, atitude positiva, continuar com a vida, busca por informação, falar sobre, brincar, não falar sobre, maximizar o tempo com familiar e fé foram outras estratégias relatadas. Segundo as crianças, distração, estratégia mais citada, as auxilia a não pensar sobre o que estava acontecendo e sobre o que estavam sentindo. As crianças descreveram o "querer apoiar" e "ajudar o familiar doente" como as maiores mudanças do modo de vida após o adoecimento parental[15], tanto de modo prático – auxiliando nas tarefas domésticas – quanto emocionalmente, isto é, confortando, sendo forte e mantendo uma atitude positiva. Para algumas crianças, fornecer suporte emocional familiar os ajudava a se sentirem bem com elas mesmas. Como fatores que dificultam o lidar com a doença do pai, foram citadas incertezas associadas à doença, não ter com quem conversar, falta de informação e distância física.

Os dados indicam que não só o paciente pediátrico necessita de informação, mas também seu irmão para melhor compreender o que ocorre, já que medos e falsas crenças podem gerar sofrimento. Por vezes, os irmãos, assim como filhos ou netos de pacientes, mudam para a casa de outro familiar ou amigo da família em função da alteração na rotina. Isso pode acarretar dificuldades em manter os cuidados para com os demais integrantes da família. O isolamento emocional pode emergir como implicação das "ilhas de comunicação"[1].

Cada fase da doença – crise, crônica (adaptação) e terminal – requer da família atitudes ou mudanças para melhorar a adaptação[11]; no entanto, as famílias utilizam estratégias de enfrentamento que talvez não sejam funcionais, em vista das pressões advindas do câncer[2]. Lewis[2] relata que estudo realizado com 111 famílias de pacientes com câncer de mama, com dados coletados em três intervalos de quatro meses, apontou que os membros da família não mudavam suas estratégias de comportamento ao longo do tempo. Essa mudança não ocorria, mesmo com a mudança das demandas. O enfrentamento dos familiares permanecia igual, apesar das alterações das demandas relacionadas com o câncer. Os dados sugerem, afirma a autora, que os familiares continuam utilizando estratégias de enfrentamento ineficazes para reduzir os problemas relacionados com o câncer, pois teriam como objetivo manejar a tensão no sistema familiar acentuada ou causada pela doença.

É possível que a orientação de revelar o diagnóstico em linguagem adequada não seja seguida por famílias com crianças, pois a "conspiração de silêncio" é mantida, já que os familiares tendem a acreditar que, ao não revelar o diagnóstico do familiar à criança, a mesma estará protegida. Zahlis, conforme citado por Lewis[2], revelou que 81% das crianças acreditavam que sua mãe morreria devido ao câncer, independentemente do diagnóstico no estágio inicial da doença. Assim, o que se percebe é que a criança fica à mercê de suas fantasias e de falsos conceitos sobre o adoecer e a hospitalização.

No estudo de Woodgate[10], com irmãos de pacientes com câncer, a experiência foi percebida como algo que modificou o jeito de ser dentro da família, como se os irmãos saudáveis tivessem perdido não só o estilo de vida da família, ou seja, o modo como os membros se relacionam, seus papéis sociais, sua rotina e responsabilidades, mas também o seu papel dentro da família. Especificamente à sensação de perda de si próprio na família, os irmãos relataram ter necessidades não satisfeitas e não se sentiam sempre cuidados, pois o irmão enfermo requisitava maior atenção. Os irmãos relataram desejar que a família voltasse ao modo de ser anterior ao diagnóstico. Quando viam seus pais chorando, os irmãos saudáveis afirmaram não saber como se portar, por verem os mesmos como figuras das quais dependem, perdendo o referencial de onde buscar suporte.

Woodgate[10] afirma que ao serem questionados sobre a experiência do câncer, os irmãos saudáveis tendem a se referir às experiências do irmão doente ou dos pais. Relatam ainda que, desde que foram informados sobre o diagnóstico, tentam não cometer atos que possam aborrecer seus irmãos ou pais, não expressando suas necessidades e preocupações. Apesar de vivenciar um estresse relacionado com o câncer, a maioria dos irmãos aponta que não foram eles que passaram pela experiência do câncer. Entretanto, a "tristeza" foi o sentimento predominantemente experienciado e a maneira pela qual definiram o significado do câncer. Crianças, filhos de pacientes com câncer, utilizaram termos como "triste", "chateado" e "coração partido" para descrever a experiência de ter um pai com câncer[15]. Esses dados mostram a necessidade de reavaliar o olhar da Psico-Oncologia sobre o familiar infantil.

CAPÍTULO 4

43

A família do paciente oncológico demanda atenção em virtude da cronicidade e gravidade da doença. As implicações da doença se estendem à estrutura familiar, estabelecendo a necessidade de reorganização dos papéis para atender às novas e às usuais necessidades cotidianas, podendo também afetar as relações familiares. Mesmo que o familiar infantil de um paciente em tratamento oncológico não seja definido pela literatura como cuidador, estudos mostram que ela se coloca e se percebe nesse papel de cuidador[9]. Para se acompanhar e oferecer apoio especializado, é fundamental identificar os cuidadores e suas dificuldades em prestar o suporte, compreendendo que o desgaste será além de físico, emocional, acarretado por uma situação que mobiliza sentimentos positivos e negativos para o cuidador. Assim como os cuidados voltados ao paciente, sua família deve receber apoio multiprofissional, visto que o cuidador tem um duplo papel durante o processo de doença do familiar, ele é cuidador e merecedor de cuidados.

A inserção do cuidado profissional à família durante todo o processo de tratamento, e após o óbito, torna-se fundamental para que exista um espaço de expressão e acolhimento. Apesar de já existir um conhecimento teórico sobre como os irmãos vivenciam o câncer, ainda há muito para se aprender, sobretudo, como os outros familiares, que não pais e irmãos, percebem e vivenciam essa situação[10].

De acordo com o *Cancer Council*[8], crianças entre seis e 12 anos apresentam as seguintes compreensões e reações quando em situação de câncer na família, apresentadas na Tabela 4.1.

Analisando as intervenções para familiares de pacientes com câncer, conclui-se que questões relacionadas às crianças com câncer e familiares com câncer têm sido foco de pesquisa; entretanto, outros membros infantis da família, sobretudo crianças com menos de 12 anos, têm sido frequentemente negligenciados[2].

Quando informações sobre o câncer são fornecidas aos irmãos de pacientes, seu medo é reduzido e intervenções psicoeducativas podem auxiliar o familiar infantil nesse contexto, podendo diminuir possíveis níveis de ansiedade, melhorando o enfrentamento e as consequências emocionais desencadeadas pelo diagnóstico na família. O familiar infantil merece receber informações sobre o estado de saúde de seu familiar em tratamento por meio de uma linguagem que ele compreenda.

VIVÊNCIAS DA FAMÍLIA DO PACIENTE ONCOLÓGICO: UM FOCO NA CRIANÇA

Tabela 4.1 – *Compreensões e reações quando em situação de câncer na família*

Compreensão da doença	Possíveis reações	Sugestão de resposta
Capacidade de compreender explicações mais complexas sobre o câncer e informações básicas como células do câncer Talvez sintam responsabilidade de terem causado a doença por mau comportamento Crianças mais novas talvez estejam começando a compreender que pessoas, incluindo os pais, podem morrer Crianças mais velhas tendem a compreender a finitude da morte e o impacto atrelado Se uma criança tiver sido exposta a doença ou morte quando mais nova, ela talvez tenha um entendimento mais maduro da morte	Irritabilidade Tristeza, choro Ansiedade, culpa, inveja Queixas físicas: dor de cabeça e estômago Preocupação repentina sobre a saúde do pai não doente Ansiedade quando vai à escola ou viaja Regressão Reações hostis, inclusive para com o pai doente Baixa concentração, falta de atenção, notas baixas Afastamento da família e amigos Dificuldade em se adaptar às mudanças Sensibilidade à vergonha e constrangimento Tentativa de ser muito bom, com o risco que seu *distress* e ansiedade não sejam identificados por parte dos pais – isso é mais comum em meninas.	Ouvir e estar alerta aos sentimentos da criança, que serão expostos por meio da fala ou brincadeiras Use jogos para explicar a doença, tratamento e possíveis desfechos Assegure que eles não causaram a doença devido a comportamentos ou pensamentos Tranquilize-os sobre seus cuidados e horários Diga que o outro pai e outros parentes estão saudáveis Diga a eles como podem ajudar Deixe-os saber que você se importa com seus sentimentos Aborde a questão do morrer, mesmo que a criança não traga o tópico

Nota: Adaptado de *"Talking to children about cancer: a guide to people with cancer, their family and friends"* por *Cancer Council*, 2010, p. 15.

Considerações finais

Seja para prevenir ou auxiliar no lidar com as demandas já presentes, o familiar infantil necessita de informação e suporte, a partir do momento que pode ser negligenciado pelos outros membros da família, pois precisa ser protegido de toda informação. Na literatura, se defende que intervenções psicoeducativas deveriam ser utilizadas como parte de uma assistência qualificada e compreensiva, não uma modalidade de tratamento independente.

A importância de se realizar intervenções que tenham como finalidade promover a compreensão da criança acerca do estado de saúde e do tratamento

CAPÍTULO 4

45

de seu familiar está em ajudá-la no processo de assimilação e acomodação da situação. Segundo Lewis[2], materiais na forma impressa, em áudio, da internet ou audiovisual devem ser entregues aos familiares por um profissional ou alguém treinado para ajudá-los a lidar com o impacto da doença na família. Essa ajuda inclui a interpretação dos sintomas, bem como acolher as possíveis demandas e auxiliar na adaptação de estratégias de enfrentamento.

Fundamentando-se nas evidências da literatura e na experiência prática, a intervenção para com o familiar infantil desde o diagnóstico é indispensável. A informação é terapêutica quando passada de modo adequado, correta e fidedigna tanto ao paciente quanto aos familiares. Portanto, uma intervenção psicoeducativa para crianças em saúde deve ter como intenção tornar a doença, seja sua ou de um familiar, mais bem compreendida e menos temida.

REFERÊNCIAS BIBLIOGRÁFICAS

1. Ulysses de Carvalho CS. A necessária atenção à família do paciente oncológico. Rev Bras Cancerol. 2008;54(1):87-96.

2. Lewis FM. The family's "stuck points" in adjusting to cancer. In: Holland JC, Breitbart WS, Jacobsen PB, Lederberg MS, Loscalzo MJ, McCorkle R, editors. Psycho-Oncology. New York: Oxford University Press; 2010. p. 511-5.

3. Sourkes BM, Massie MJ, Holland JC. Psychotherapeutic issues. In: Holland JC, editor. Psycho-Oncology. New York: Oxford University Press; 1998. 694-700.

4. Lederberg MS. The family of the cancer patient. In: Holland JC, editor. Psycho-Oncology. New York: Oxford University Press; 1998. 981-93.

5. Melo LL, Valle ERM. Equipe de enfermagem, criança com câncer e sua família: uma relação possível. Pediatr Mod. 1999;35(12):970-2.

6. Tavares JSC, Trad LAB. Metáforas e significados do câncer de mama na perspectiva de cinco famílias afetadas. Cad de Saúde Pública. 2005;21(2):426-35.

7. Moore CW, Rauch PK. Addressing the needs of the children when a parent has cancer. In: Holland JC, Breitbart WS, Jacobsen PB, Lederberg MS, Loscalzo MJ, McCorkle R, editors. Psycho-Oncology. New York: Oxford University Press; 2010. p. 527-31.

8. Cancer Council. Talking to children about cancer: a guide for people with cancer, their families and friends. 2010 [02/12/11]. Available from: http://www.cancercouncil.com.au/html/patientsfamiliesfriends/livingwithcancer/talkingtokids/downloads/talking_to_kids.pdf.

9. Guimarães TB. Intervenção psicoeducativa em Oncologia: um estudo sobre o uso de site com jogos eletrônicos. Dissertação de Mestrado. Brasília: Universidade de Brasília; 2012.

10. Woodgate RL. Siblings' experiences with childhood cancer: a different way of being in the family. Cancer Nurs. 2006;29(5):406-14.

11. Rolland JS. Cancer and the family: an integrative model. Cancer. 2005;104(11):2584-95.

12. Welch AS, Wadsworth ME, Compas BE. Adjustment of children and adolescents to parental cancer: parents' and children's perspectives. Cancer. 1996;77(7):1409-18.

13. Alderfer MA, Labay LE, Kazak AE. Brief report: does posttraumatic estresse apply to siblings of childhood cancer survivors? J Pediatr Psychol. 2003;28(4):281-6.
14. Guimarães TB, Araujo TCFC. Intervenção psicoeducativa com uso de jogos eletrônicos: um estudo com familiares de pacientes oncológicos. Rev SBPH. 2015 (No prelo).
15. Kennedy VL, Lloyd-Williams M. How children cope when a parent has advanced cancer. Psycho-Oncology. 2009;18(8): 886-92.

Seção 2

O Que o Coração Nos Fala

Capítulo

5

O Silêncio do Coração: Ausência de Sintoma e Adoecimento Cardíaco

Júlia Fernandes Caldas Frayha

Esse silêncio todo me atordoa;
Atordoado, eu permaneço atento
Na arquibancada pra a qualquer momento
Ver emergir o monstro da lagoa
(Chico Buarque)

Adoecimento cardíaco

Doenças cardiovasculares são doenças que afetam o sistema circulatório, ou seja, os vasos sanguíneos e o coração e são as maiores causadoras de mortes prematuras em todo o mundo[1]. As doenças cardiovasculares podem ser tanto congênitas quanto adquiridas ao longo da vida e sua ocorrência pode ser aguda ou crônica. O adoecimento cardíaco pode afetar desde partes distintas do coração, como o músculo e as artérias, por exemplo, até a associação de algumas dessas partes.

Dentre as principais doenças cardiovasculares conhecidas, estão o infarto agudo do miocárdio, anginas, arritmias, aneurismas, insuficiência cardíaca e valvopatias e as causas dessas doenças podem ser por fatores não modificáveis, como sexo e histórico familiar, e potencialmente modificáveis, como tabagismo, hipertensão arterial, diabetes, obesidade e sedentarismo[2]. Os tipos de tratamento das doenças cardiovasculares podem ser medicamentosos, cirúrgicos ou por hemodinâmica intervencionista.

As cardiopatias podem ser sintomáticas ou assintomáticas e a maneira como o seu diagnóstico é feito está diretamente ligado a esses modos de expressão

CAPÍTULO 5

51

do adoecimento. Sintomas são os distúrbios subjetivos relatados pelo paciente, por exemplo, as dores e incômodos, dos quais o médico toma conhecimento, sobretudo pela anamnese[3].

Os sintomas de uma cardiopatia podem incluir, por exemplo, certos tipos de dor, dispneia, fadiga, palpitações, sensação de enjoo e desmaios que, apesar de não identificarem inequivocamente uma afecção cardíaca, podem mobilizar no paciente a necessidade de buscar uma explicação para essa ocorrência. Muitas vezes, essa busca resulta em consultas ao médico e exames complementares, que acabam por trazer à tona a causa desses sintomas.

Acontece que, em muitos casos, o paciente não apresenta sintomas, podendo o diagnóstico ficar comprometido ou ser feito por vias indiretas, como exames de rotina ou exames destinados a outras patologias. Dizer que um paciente é assintomático significa dizer que ele não reconhece em seu corpo sensações decorrentes de uma possível doença, o que não significa que ele esteja livre dela.

Não existem muitos estudos relacionados ao tema, porém o que se observa na prática é que o número de pacientes cardiopatas assintomáticos é elevado. Segundo Hirani, Pugsley e Newman[a] (2006 *apud* Wottrich, 2011, p. 52), essa incidência pode ser explicada pelo fato de a doença cardíaca ser, com frequência, uma doença silenciosa[4], sobretudo em seu início.

O diagnóstico de alguma cardiopatia pode provocar importantes repercussões emocionais no paciente, que vão desde o medo da morte, até angústias relacionadas a perdas, dores e fantasias despertadas pelo adoecimento. Tais repercussões podem ser compreendidas, uma vez que o coração, enquanto órgão, possui significados que vão além da sua função anatômica, se tornando, também, o centro das emoções, do sentimento e da vida[5].

Se o diagnóstico de adoecimento cardíaco provoca um forte impacto emocional nos pacientes que apresentam algum sintoma, pode-se pensar no efeito de tal notícia para aqueles que não foram avisados pelo próprio corpo que algo não estava bem, provocando um descompasso entre o que se ouve e o que não se sente.

---

[a] Hirani S, Pugsley WB, Newman SP. Illness representations of coronary artery disease: an empirical examination of the Illness Perception Questionnaire (IPQ) in patients undergoing surgery, angioplasty and medication. Br J Health Psychol. Pt 2. 2006:199-220.

O concreto e o abstrato

Todo adoecimento é fonte de grande desamparo, pois remete a ausência de defesas para lidar com uma angústia que não encontra representação disponível para sua simbolização[6]. Pode-se pensar que essa angústia encontra alguma representação nos sintomas, que serviriam como um elo concreto entre o diagnóstico e a presença do adoecimento no corpo, trazendo um mínimo de coerência para o paciente.

Mesmo que não seja determinante para a existência da cardiopatia, o sintoma aponta para o paciente que "algo não vai bem" com ele, o que pode fazer com que tenha uma representação da doença, concretizando-a, e construa fantasias a seu respeito, sendo um modo de conter a angústia causada pelo diagnóstico[5]. Sem essa construção, a experiência do adoecimento pode adquirir um caráter abstrato, dificultando a implicação do paciente frente às demandas do tratamento.

Concreto é tudo aquilo que existe de forma material e que pode ser percebido pelos sentidos, em oposição ao significado de abstrato, que se trata daquilo que não está relacionado com a realidade percebida pelos sentidos[7]. Assim, a percepção ou não de algo pelos sentidos é o que parece determinar, para o sujeito, sua existência na realidade e o modo como vai lidar com tal experiência.

De acordo com McDougall[b] (1991 *apud* Wottrich, 2011, p. 20), o corpo e, consequentemente, o sofrimento corporal, só existe para o sujeito na medida em que se faz representar psiquicamente[4]. Os pacientes assintomáticos não possuem uma representação simbólica desse corpo doente, parecendo haver, portanto, uma desconexão entre o corpo e sua percepção, o que pode provocar um sentimento de estranheza no momento em que esses pacientes recebem o diagnóstico.

Essas reflexões levantam importantes questões acerca dos efeitos que o adoecimento cardíaco inesperadamente provoca na vida desses sujeitos. Quais seriam as implicações emocionais que a experiência concreta do adoecimento pode provocar nos pacientes cardiopatas assintomáticos? Seria o sintoma a confirmação da doença, e sua ausência a impossibilidade de a mesma existir?

---

[b] McDougall J. Em defesa de uma certa anormalidade: teoria e clínica psicanalítica. 4. ed. Porto Alegre: 1991.

Quando os olhos não veem, o coração não sente

Os pacientes assintomáticos, quando confrontados com o diagnóstico de uma cardiopatia, podem apresentar diversas reações emocionais, muitas das quais relacionadas com a ausência de sintoma. Essas reações variam conforme a etapa vivenciada pelo paciente, seja no momento do diagnóstico, durante o tratamento ou após a alta hospitalar.

Não é raro que tais pacientes apresentem dificuldade de aceitar a presença da doença, uma vez que não a sentem, o que pode prejudicar a adesão. O primeiro entrave a essa adesão é o fato de que muitas cardiopatias inicialmente são silenciosas, o que leva a pessoa a não valorizar a necessidade de tratamento[8]. Os pacientes assintomáticos apresentam um problema no que diz respeito à noção da doença e da importância desse tratamento, o que torna sua adesão desafiadora[9].

De acordo com os parâmetros da medicina, esse paciente assintomático está doente, pois seus exames apontam isso, porém ele não se sente assim. Nesse contexto de ruptura, quem nomeia a doença parece ser, em geral, um médico ou um exame, pois não há em seu corpo nenhuma marca que evidencie o adoecimento, dificultando, portanto, sua apropriação[4].

> "Eu moro em frente ao meu cardiologista, mas ele não deixou eu atravessar a rua. Como assim? De repente eu não posso mais? Eu estava fazendo isso agora há pouco. Então, morre de uma vez" (Paciente R)

Esse cenário expõe o sujeito a situações de impotência frente ao próprio corpo, sendo destituído do lugar daquele que pode falar de si, podendo iniciar um processo de despersonalização[10]. Esses pacientes podem experimentar uma sensação de insegurança e de desapropriação do corpo e dos seus sentidos, uma vez que perde-se a confiança na capacidade de discernir possíveis problemas sinalizados pelo organismo. Seu corpo se torna subitamente desconhecido e a sensação de perda de controle sobre si provoca angústia e sofrimento.

> "Eu não sentia nada, mas os médicos falam tanto que eu tô começando a sentir" (Paciente R)

Em muitos casos, tais pacientes apresentam uma relação dissociada com o seu quadro clínico ("se eu não sinto, eu não tenho"), mantendo-se alheios às repercussões físicas e emocionais que o adoecimento pode provocar. Essa indiferença pode dificultar a percepção e a aceitação de que existem ou que poderão existir limitações e restrições decorrentes da sua nova condição.

A relação com as restrições e limitações é um capítulo à parte quando se trata do manejo desses pacientes, pois muitas vezes o impeditivo trazido pelo outro não é suficiente para que esses sujeitos se apropriem da sua condição de impossibilitado. Essa apropriação demanda dos pacientes assintomáticos uma quebra da sua imagem, representando um rompimento com a pressuposta onipotência em relação às suas vidas, colocando-os em contato com sentimentos de vulnerabilidade e impotência.

Entrar em contato com tais sentimentos pode ser desestruturador para alguns pacientes, que podem mascarar os sintomas, adaptando-se às limitações impostas por ele, em um movimento que pode ser tanto consciente quanto inconsciente[11]. Esses pacientes podem ser considerados pseudoassintomáticos, pois apesar de se reconhecerem assintomáticos, observa-se neles a presença de sintomas referentes à cardiopatia.

> "O médico me disse que muitas vezes a doença cardíaca é silenciosa. Mas será que eu não sentia alguma coisa antes, mas não me importei? Porque a gente conta uma história e acredita nela. Por exemplo, o meu amigo. Ele era gordo e perdeu peso muito rapidamente, só que não ia ao médico porque dizia para ele mesmo que os motivos eram outros, como o fato de estar comendo menos, ou seja, ele contou uma história para ele mesmo. A esposa que o convenceu a ir ao médico e quando foi descobriu uma diabetes grave" (Paciente JM)

Para lidar com tamanha desconstrução, os pacientes assintomáticos adotam inconscientemente alguns mecanismos de defesa para preservar seu psiquismo e dar conta de enfrentar os sentimentos suscitados pelo adoecimento. Esses mecanismos são vitais para o funcionamento psíquico, contribuindo para o ajustamento, a adaptação e o equilíbrio do sujeito a situações de crise[12].

Um dos mecanismos mais utilizados é o da negação. Segundo Ongaro[c], (2002 *apud* Wottrich, 2010, p. 4), o paciente cardiopata tem na negação a ferramenta para conservar a imagem que faz de si mesmo e, para manter essa imagem, o paciente muitas vezes desafia a doença, desconsiderando os cuidados

---

[c] Ongaro S. O doente coronariano e seus dinamismos psíquicos. In: Romano, E. W. B. (Org.). A prática da psicologia nos hospitais. São Paulo: Pioneira Thomson Learning, 2002:55-66.

necessários para a recuperação, como a aceitação das prescrições médicas ou o abandono de hábitos danosos a saúde, o que pode vir a prejudicar a adesão ao tratamento[13].

Não raro, esses pacientes sentem-se desprevenidos e despreparados para lidar com as mudanças em sua rotina, sem aviso prévio. Torna-se de difícil compreensão a necessidade de abandonar o trabalho, viagens, atividades físicas e de ter que, inesperadamente, controlar a alimentação, tomar medicamentos, enfrentar procedimentos invasivos ou, em casos de cardiopatias crônicas, ter que lidar com tais restrições permanentemente.

Além dessas mudanças, esse paciente se depara com a possibilidade da morte, com a noção de que é finito, o que o faz entrar em contato com sua fragilidade e impotência. O adoecimento cardíaco traz consigo uma bagagem de intensos sentimentos, emoções e pensamentos que têm o potencial de desestruturar esses sujeitos que não foram previamente notificados sobre a iminência desse acontecimento.

Todo esse cenário pode acarretar sentimentos de raiva e incompreensão e fazer com que os pacientes busquem por explicações que deem algum sentido para a experiência do adoecimento. A percepção e a tomada de consciência do diagnóstico são atravessadas pelo outro, sendo este outro o médico e/ou os exames, o que pode provocar desconfiança e incredulidade, fazendo com que procurem por segundas opiniões e refaçam os exames, na esperança de que tenha havido um engano.

> "Dá vontade de pedir para fazer mais exames, porque operar sem precisar é complicado" (Paciente R)

Em alguns casos, os pacientes assintomáticos podem se sentir aliviados e agradecidos por terem tido a oportunidade de diagnosticar uma doença que poderia trazer repercussões mais graves se não fosse precocemente identificada. Esse parece ser um adequado recurso de enfrentamento, porém deve-se ficar atento a um possível mecanismo de defesa contra a angústia suscitada pela realidade do adoecimento e suas consequências emocionais.

Em muitos casos o diagnóstico de uma cardiopatia vem seguido da necessidade de se submeter a uma cirurgia cardíaca. A cirurgia é, em si, um evento

O SILÊNCIO DO CORAÇÃO: AUSÊNCIA DE SINTOMA E ADOECIMENTO CARDÍACO

muitas vezes não esperado, que interrompe o ciclo normal de desenvolvimento e de vida do indivíduo, causando ansiedade e despertando fantasias. Por mais que esse evento abale emocionalmente todos aqueles envolvidos, pode-se imaginar a angústia vivenciada pelos pacientes assintomáticos, já que é preciso representar o corpo doente para poder suportar a intervenção cirúrgica[5,14].

O que se observa, no entanto, é que apesar da aceitação desse procedimento ser mais difícil para o paciente assintomático, enfrentar a cirurgia pode ser importante para que estes comecem a se apropriar de sua condição. Pode-se pensar que a cicatriz deixada no corpo pela cirurgia também apresenta uma vertente simbólica de possibilitar a consciência do adoecimento e a simbolização do desconhecido.

O momento da alta hospitalar nem sempre representa um alívio para esses pacientes, pois podem se sentir inseguros e receosos de voltar para casa com esse corpo que, de repente, lhes é estranho e desconhecido. Se antes do diagnóstico não havia sintomas que apontassem para um problema, o que os garante agora?

Observa-se, portanto, um aumento da ansiedade e do medo de ficar sem os cuidados intensivos oferecidos pelo hospital, pois de certo modo os monitores e os profissionais de saúde passam a assumir o papel de garantir para esses sujeitos que está tudo sob controle.

A percepção do adoecimento, portanto, auxilia o processo de apropriação do mesmo, tirando-o da condição de impossibilidade para a condição de realidade, viabilizando a elaboração, por parte do paciente, dessa experiência e, consequentemente, facilitando o acesso aos recursos emocionais necessários para seu enfrentamento.

Considerações finais

Todo adoecimento cardíaco desperta no paciente medos, angústias e fantasias acerca do diagnóstico e do tratamento. Pode-se perceber a partir da experiência clínica que, para os pacientes que não apresentavam um sintoma prévio da doença, a vivência desse adoecimento poderia ser dificultada em virtude de não possuírem uma representação concreta a qual associar a doença e, com isso, conter a angústia provocada pela mesma.

CAPÍTULO 5

57

Descobrir-se doente subitamente e, em muitos casos, inexplicavelmente, retira o sujeito de sua rotina, de tudo aquilo que faz sentido e é familiar, e o joga em um abismo de sensações e sentimentos desconhecidos e confusos.

Nesse cenário de intenso sofrimento psíquico, cabe ao psicólogo hospitalar auxiliar o paciente a se apropriar da sua condição de enfermo e a lidar com as repercussões emocionais decorrentes desse enfrentamento, procurando amparar a dor que surge quando este se descobre doente para além do que o corpo pode mostrar.

REFERÊNCIAS BIBLIOGRÁFICAS

1. World Heart Federation, 2013. Disponível na internet: http://www.world-heart-federation.org/. (20 jan. 2015).

2. Botrel TEA, Costa RD, Costa MD, Costa AMD. Doenças cardiovasculares: causas e prevenção. Rev Bras Clin Ter; 2000;26(3):87-90.

3. Pimenta AC, Ferreira R. O Sintoma na Medicina e na Psicanálise – Notas Preliminares. Rev Med Minas Gerais; 2003;13(3):221-8.

4. Wottrich S. Manifestos do coração: significados da cirurgia cardíaca para pacientes pré e pós-cirúrgicos. [dissertação]. Santa Maria: Universidade Federal de Santa Maria; 2011. 168 p. [citado 28 janeiro 2015]. Disponível em: http://200.18.45.28/sites/ppgp/images/documentos/texto%2010.pdf

5. Fighera J. Angústia e fantasias relacionadas ao paciente cardíaco cirúrgico. [Dissertação]. Porto Alegre: PUCRS; 2006. 118 p. [citado 29 janeiro 2015]. Disponível em: http://repositorio.pucrs.br/dspace/bitstream/10923/5025/1/000380695- Texto%2BCompleto-0.pdf

6. Freud S. O mal-estar na civilização. Obras Psicológicas Completas de Sigmund Freud, vol. XXI. Rio de Janeiro: Imago. (1930/1987d).

7. Dicionário Online de Português. Disponível na internet: http://www.dicio.com.br. (20 Jan. 2015).

8. Silva ALM, Pimentel WS. A influência das emoções nas doenças cardíacas. In: Knobel E, organizador. Coração...é emoção. São Paulo: Ed. Atheneu; 2010;9-13.

9. Machado CA. Adesão ao tratamento – Tema cada vez mais atual. Rev Bras Hipertens. 2008;15(4):220-221.

10. Angerami-Camon VA. O psicólogo no hospital. In: Psicologia Hospitalar: teoria e prática. 2ª ed. São Paulo, Cengage Learning: 2010;1-14.

11. Katz M, Tarasoutchi F, Grinberg M. Estenose aórtica grave em pacientes assintomáticos: o dilema do tratamento clínico versus cirúrgico. Arq Bras Cardiol. 2010;95(4):541-546.

12. Chvatal VLS, Bottcher-Luiz F, Turato ER. Resposta ao adoecimento: mecanismos de defesa utilizados por mulheres com síndrome de Turner e variantes. Rev Psiq Clín. 2009;36(2):43-7.

13. Wottrich SH, Quintana AM, Camargo VP, Leite CT, Quadros COP. Enfrentamento da cirurgia cardíaca: atribuições de significados por pacientes pós-cirúrgicos. In: XIV Simpósio de Ensino, Pesquisa e Extensão, Santa Maria, BR. Anais do XIV SEPE, 2010.

14. Fighera J, Viero EV. Vivências do paciente com relação ao procedimento cirúrgico: fantasias e sentimentos mais presentes. Rev. SBPH. 2005;8(2):51-63.

Capítulo

Infarto Agudo do Miocárdio: Quando a Situação Sai do Controle

Marina Marins da Fonseca Ramos

"Se a cólera que espuma, a dor que mora
N'alma, e destrói cada ilusão que nasce,
Tudo o que punge, tudo o que devora
O coração, no rosto se estampasse"
("Mal Secreto" – Raimundo Correia, 1883)

As doenças cardiovasculares são consideradas as principais causas de mortalidade no Brasil e no mundo. Dentre elas, o infarto agudo do miocárdio é considerado, juntamente com o acidente vascular cerebral, uma das principais causas de vítimas no Brasil[1].

De acordo com a base de dados do departamento de informática do SUS (DATASUS), estima-se que no Brasil ocorram cerca de cem mil óbitos por ano decorrentes de infarto agudo do miocárdio (IAM)[2]. No entanto, não é somente no Brasil que os números são elevados. Nos Estados Unidos, 85% das mortes por IAM acometem a população de idosos[3].

A incidência do primeiro infarto tem apontado as faixas etárias de 55 anos para o sexo masculino e 65 para o feminino[4]. No entanto, essa estimativa não elimina a ocorrência de IAM em jovens adultos, considerando-se 3% da população com idade inferior a 40 anos[5]. Poucos são os estudos que traçam o perfil desse público, apesar de sua relevância e impacto emocional.

O infarto agudo do miocárdio (IAM) é caracterizado pela ausência de irrigação do músculo cardíaco em decorrência da diminuição do fluxo sanguíneo. Isso ocorre devido à obstrução de uma importante artéria coronária[4]. Na

CAPÍTULO 6   59

literatura, são abordados os seguintes fatores de risco para o acometimento de IAM: idade, sexo masculino, hipertensão arterial, sobrepeso e obesidade, taxas de colesterol (dislipidemia) e glicose elevadas (diabetes *mellitus*), tabagismo, sedentarismo e baixa ingestão de frutas[1].

Dentre os principais sintomas relacionados ao IAM, pode-se considerar o mais comum a intensa dor no peito, a qual pode irradiar para mandíbula, costas, dorso e/ou membros superiores, e por vezes vem acompanhada de sudorese e palidez[3,4]. O tratamento busca diminuir a dimensão do infarto e reduzir as complicações pós-infarto e pode variar de acordo com a necessidade de cada paciente, porém uma possibilidade é a reperfusão miocárdica que compreende a desobstrução da artéria coronária através de medicação, ou de angioplastia.

Para que haja uma melhor evolução, os cuidados gerais envolvem repouso, monitorização intensiva do quadro clínico, uso de medicações e procedimentos invasivos, como angioplastia, já mencionada, e por vezes cirurgia cardíaca. A presença de ansiedade e agitação psicomotora também é comum devido ao desconforto precordial[6] e nos faz refletir sobre as possíveis repercussões emocionais que envolvem o paciente acometido pelo processo e efetivação do infarto.

A relação do IAM com os aspectos emocionais vem à tona durante a avaliação aos pacientes hospitalizados. No presente trabalho, traremos a experiência abarcada no Hospital do Coração com o atendimento de um paciente infartado.

Percepções do paciente: Emocional? Fisiológico?

O coração...

É inevitável a conotação simbólica relacionada com esse órgão, uma vez que as emoções experimentadas pelo indivíduo são associadas a ele e comumente podem sofrer impacto em decorrência das mesmas[9]. Vindo ao encontro dessa definição, podemos perceber que alguns sintomas psíquicos são confundidos, de fato, com doenças cardíacas, pela aproximação da sintomatologia, como no caso das crises de Pânico, por exemplo. "Aperto no coração" (compressão torácica), palpitações, respiração curta, entre outros sintomas, são facilmente traduzidos como doenças cardiológicas[9]. Consideradas essas sensações físicas como um possível comprometimento cardíaco, podemos unir os aspectos psico-emocionais (ansiedade, estresse, angústia, perda de entes queridos, dificuldades financeiras, etc.) como outro fator de grande influência no desencadeamento dessas doenças, uma vez que estão associadas a aumento da pressão arterial, isquemias e doenças das artérias coronárias[3].

Além dos aspectos psicoemocionais, já mencionados, Friedman e Rosenman apontaram características de comportamento que demonstraram correlação com as doenças coronarianas (padrão de comportamento tipo A), que entre outros sintomas estão associadas ao aumento da pressão sanguínea, ritmo cardíaco e a liberação de catecolaminas em reação a situações estressoras[8].

Dentre o padrão de comportamento tipo A, estão as seguintes características[3,8]:

- Envolvimento excessivo com o trabalho;

- Acentuada impulsividade para a competição; dificuldade para aceitar a derrota; tendência ambiciosa;

- Tendência a comportamentos orientados para a excelência do desempenho;

- Impaciência;

- Sentimento exagerado de urgência de tempo, apressado, sem tempo;

- Agressividade.

Ainda na literatura[3,9] encontra-se a relação das doenças cardiovasculares com sentimentos relacionados a hostilidade, como irritação e raiva. Pacientes que apresentam perfil mais hostil estão mais expostos a eventos estressores, que por sua vez intensificam as atividades cardíacas, tornando-se mais vulneráveis[14]. Sintomas de ansiedade também são bastante comuns na avaliação do paciente coronariopata.

Além da personalidade tipo A, que já é bastante conhecida entre as ca-racterísticas ligadas ao perfil de pacientes cardiopatas, outro aspecto estudado nos últimos anos tem sido o padrão de personalidade tipo D, desenvolvido por Denollet em 1996, que imprime características de permanente preocupação, expressão emocional reprimida, baixo limiar de irritabilidade e infelicidade persistente[8]. Esse tipo de personalidade se faz mais frequente em pacientes com doenças coronárias e hipertensos se comparados com a população geral. Além disso, estão associados a piores prognósticos e adesão a tratamento[1,8,14].

CAPÍTULO 6

61

A urgência no tempo, a necessidade do "agora", são características marcantes nas relações dos pacientes que sofreram infarto, incluindo o modo como lidam com seu adoecimento. Desejam que as notícias sejam o mais rápido possível, a internação com o mínimo de duração e quando se fala em alta hospitalar estão apostos para a saída. Vê-se, assim, que as características emocionais associadas ao controle e imediatismo permanecem mesmo após o adoecimento.

Apesar de o adoecimento ser repentino e intenso, o modo como alguns pacientes apresentam-se durante a internação nos faz refletir sobre o seu funcionamento emocional, como, por exemplo, a necessidade em manter-se no controle das situações, característica esta ligada ao comportamento ansioso.

Ansiedade como ponto de partida...

Cada vez mais tem-se falado da relação de sintomas/comportamentos de ansiedade com pacientes infartados. Em minha prática profissional, pude observar a aproximação desses dois fatores que culminam em uma hospitalização.

Mensurar ansiedade normal e patológica não é algo tão simples. Se pensarmos a ansiedade como aquilo que motiva e impulsiona para a resolução de situações cotidianas, falamos assim de uma emoção natural do ser humano. No entanto, quando a ansiedade é patológica os sintomas são intensificados, ou perduram por um longo período de tempo, causando prejuízo no desempenho e bem-estar do indivíduo[10].

Define-se a ansiedade na literatura[10] como um estado do humor que engloba tanto manifestações fisiológicas (taquicardia, sudorese, vasoconstrição ou dilatação, dispneia, etc.), como somáticas, representadas pelo desconforto, inquietação, apreensão negativa relacionada ao futuro. Os pensamentos ansiosos estão sempre focados em situações futuras e normalmente iniciam-se por "E se...", e tendenciam a situações negativas, catastróficas, que são percebidas com sentimento de ameaça, perigo, ou vulnerabilidade[11].

Trazendo esse conceito simplificado para o capítulo em questão, pode-se dizer que o sentimento de vulnerabilidade é praticamente inerente à situação de hospitalização. Em um processo de internação eletiva, que o paciente programa sua estadia hospitalar, ainda não levando em consideração sua patologia, já é

INFARTO AGUDO DO MIOCÁRDIO: QUANDO A SITUAÇÃO SAI DO CONTROLE

possível observar aumento de sintomas ansiosos, pertinentes a essa situação.

Porém, estamos falando de um paciente que provavelmente estava imerso em sua vida corriqueira, com planos para o jantar, quando foi tomado por um mal-estar insustentável e solicitando auxílio de quem estivesse mais próximo.

É nessa condição que o paciente adentra a instituição hospitalar e em questão de minutos, tudo que o rodeia já não depende mais dele. Ele é quem depende do outro para sobreviver.

"De repente, me vi infartando..." (SIC)

O Hospital do Coração tem como excelência um programa de atendimento multidisciplinar (Programa de Cuidados Clínicos) que assiste integralmente ao paciente que sofreu IAM e, de acordo com critérios previamente estabelecidos pela equipe médica, esse paciente recebe os cuidados específicos para o tratamento do infarto. Sendo assim, a psicologia se faz parceira nesse processo, a fim de oferecer suporte emocional e contribuir com a adesão ao tratamento deste paciente.

O paciente que ingressa na instituição sofrendo de "ataque cardíaco", como muitas vezes é nomeado, passa por um processo imediato de tratamento, na busca do menor dano possível ao músculo cardíaco. Neste momento, muitas vezes não demonstra ter total compreensão do adoecimento e da gravidade do mesmo, reconhecendo somente os sintomas físicos que o levaram até o Pronto Atendimento. A partir desse momento, o paciente embarca em uma esfera desconhecida e muitas vezes assustadora, em que o tempo para elaborar seu adoecimento pode se dar quando já sofreu intervenções importantes em seu corpo.

O cuidado ao paciente acometido por IAM demanda habilidade e rapidez da equipe para diagnosticar e intervir da melhor maneira possível. Toda agilidade conduzida perpassa aos olhos do paciente sem que haja tempo para que o mesmo tenha informações concretas, ou ainda, possa expressar as emoções que permeiam esse momento. Após esse procedimento inicial, o paciente é encaminhado à Unidade Coronariana (UCO) onde o acompanhamento da evolução do quadro clínico é realizado. É a partir desse cenário que a psicologia aborda o paciente para avaliação.

CAPÍTULO 6

63

A avaliação se inicia com a utilização de uma entrevista semidirigida que tem como principal objetivo identificar aspectos relacionados ao histórico de vida e do adoecimento, antecedente psiquiátrico, autopercepção associada ao adoecimento, dinâmica familiar, adesão ao tratamento e outras questões relacionadas que possam contribuir com a compreensão desse momento de vida do paciente. Após a entrevista, é aplicado o questionário para avaliação do nível de estresse do paciente referente ao período que antecede a hospitalização (último mês, a contar da data de admissão no hospital).

O objetivo principal desse questionário é avaliar se houve algum fator estressor importante que possa ter influenciado no adoecimento. Situações estressoras anteriores a esse período também são analisadas durante a entrevista.

Com base nas experiências dos atendimentos realizados aos pacientes que sofreram infarto, pode-se observar características bastante significativas comuns a este público. Grande parte dos pacientes encontrava-se na fase adulta (dos 40 aos 60 anos) e em plena atividade profissional. O fato de o adoecimento súbito causava-lhes impacto referente à perspectiva de vida após a hospitalização. No entanto, pode-se notar que mesmo com essa ruptura repentina a necessidade de se sentir "melhor" e retornar à rotina, fez-se presente. Assim, a *pressa*, ou *"como será agora?"*, são questões muito particulares dos pacientes infartados.

Outra característica que apresenta-se peculiar ao paciente infartado é a necessidade de manter as situações sob seu controle. Essa característica é bastante presente em indivíduos com perfil mais ansioso. Proponho, a seguir, a reflexão de um caso clínico, baseada na Teoria Cognitivo-Comportamental.

Análise de caso

M., 45 anos, sexo feminino, solteira, bem-sucedida profissionalmente, deu entrada no hospital devido ao segundo episódio de IAM em menos de um mês.

Como histórico psiquiátrico refere crises de pânico e ansiedade, além de acompanhamento psiquiátrico e psicológico prévios; no entanto, interrompidos sem o consentimento de alta dos profissionais. Fazia uso de Lexotan, porém relata *"achei que estavam controlados os sintomas"* (SIC) e também interrompeu a medicação. Após dois meses de interrupção, deu-se o primeiro infarto.

Pelo protocolo do programa de cuidados clínicos para pacientes infartados, inicia-se a avaliação psicológica com a paciente ainda na Unidade Coronariana, devido aos sintomas emocionais apresentados, como choro e inquietação. M. apresentava-se chorosa, porém receptiva ao atendimento. Referia sobre a recorrência de hospitalizações em curto período de tempo e a sensação de risco iminente de um novo infarto, pois não era de conhecimento a causa do mesmo em tão pouco tempo.

Por se tratar de uma unidade fechada, os pacientes recebem estímulos auditivos e visuais a todo o momento. M. verbalizava assim que não conseguia deixar de manter sua atenção focada na conversa da equipe, pois a qualquer momento poderiam falar de seu estado de saúde. Todavia, esse comportamento repercutia em uma exacerbação de reflexões que lhe causavam ansiedade, como *"Os pacientes aqui estão muito graves. Como será que eu estou?"* (SIC). Sendo assim, a dificuldade de enfrentamento diante da hospitalização e pensamentos disfuncionais (*"Nunca mais vou poder ficar sozinha."*; *"A vida inteira fiz coisas erradas"*) em relação à equipe e tratamento se fazia presentes a todo o momento.

Assim como no caso de M., o paciente que apresenta ansiedade aumentada tende a elevar o nível de atenção a informações fornecidas pelo meio ambiente sobre potenciais ameaças[12].

Pacientes com perfil ansioso podem apresentar[12]:

- Estimativa reduzida de sua capacidade de enfrentar ou lidar com as situações carregadas de medo;

- Têm a sensação de falta de controle e alta frequência de autoafirmações negativas;

- Interpretações errôneas dos estímulos corporais; e

- Estimativas exageradas do risco de calamidades futuras.

Como já mencionado, M. mantinha-se em alerta frente às reações corporais, e a cada sensação física, como os batimentos cardíacos levemente acelerados, gerava uma reação em cadeia (sensação física – pensamento – sentimento – sensação física...), potencializando as sensações. Para que houvesse a diminuição das sensações, se fez necessário a quebra dessa cadeia através da psicoeducação do motivo pelo qual apresenta esses sintomas, realizando o automonitoramento de seus pensamentos e podendo viabilizar esse processo com técnica de respiração profunda. Após a percepção de que estaria sob seu controle a reação física, M. pode identificar que naquele momento estava sob acompanhamento dos médicos e que se algo real acontecesse, haveria a intervenção da equipe. M. demonstrava o seu medo em perder o controle da situação e permanecia atenta a qualquer mudança no ambiente que pudesse deixá-la emocionalmente frágil.

Referia taquicardia sempre que um médico da equipe estava próximo de lhe dar notícias sobre seu quadro clínico. Dizia que *"nenhum sabia informar"* (SIC) como era feito pela médica responsável. Por apresentar comportamentos com característica de rigidez e necessidade de controle, M. precisava se respaldar de situações em que a perda de controle pudesse ser minimizada. Assim, passou a depositar sua confiança na médica responsável pela equipe, pois teria a garantia de que não lhe desagradaria a maneira como seria passada a notícia do quadro clínico.

Utilizando-se de questionamento socrático[a], M. pode refletir sobre como a informação lhe seria ofertada e que não estaria sob seu controle, cabendo a ela modificar o modo de enfrentar a notícia. Assim, buscou-se a reestruturação cognitiva baseada nesse aspecto, a fim de minimizar os erros cognitivos apresentados pela paciente, como a maximização[b] e personalização[c] por meio de um inquérito que contempla as seguintes reflexões: a "identificação das evidências"[13]; "outras interpretações para a situação"[13]; e "pensando se o pior, imaginado por ela, acontecesse"[13].

Nesse raciocínio, mencionado aqui, a descatastrofização[d] das situações imaginadas caminharia para a descoberta de que os efeitos idealizados a conduzem a algo mais que nada[13], cabendo ao psicólogo trabalhar maneiras de enfrentar os medos, caso a situação se torne real[12]. O principal objetivo era fazer com que a paciente identificasse os erros cognitivos que estava ocorrendo naquele momento[12].

Durante os atendimentos foi possível observar, de acordo com o relato, a presença de pensamentos, tais como *"por que eu tive outro infarto?", "o que está acontecendo com meu corpo?",* que potencializavam as sensações de ansiedade, apresentando comportamentos de choro e taquicardia.

---

[a] Questionamento Socrático[12] – o terapeuta faz inúmeras perguntas indutivas ao paciente, com a finalidade de identificar padrões disfuncionais de pensamento ou comportamento;

[b] Maximização[12] – a importância de um evento é exagerada;

[c] Personalização[12] – relação de eventos externos junto ao paciente sem fundamentação. A culpa, ou responsabilidade excessiva por eventos negativos;

[d] Descatastrofização[12] – previsões catastróficas sobre o futuro.

Sabendo que M. estava em uma unidade na qual era monitorada constantemente pelos aparelhos, foi sugerido sempre que houvesse sintomas ansiosos, com alteração do ritmo da respiração (ofegante), que fizesse o treino de respiração para diminuir a aceleração. Além disso, foi utilizada a técnica de monitorização dos pensamentos automáticos e sugeriu-se a estratégia de parada de pensamento que tem como princípio impedir a evolução do pensamento que lhe causa desconforto.

Após a alta para a Unidade de Internação, percebeu-se a diminuição do estado de ansiedade mais intenso, uma vez que receber notícias de outros membros da equipe, e não somente da médica, já não lhe causava ansiedade. Isso se deu também devido ao distanciamento de algumas variáveis do ambiente, pelas mudanças nas habilidades de enfrentamento e reflexões acerca da motivação para o mesmo. Apesar da diminuição dos sintomas ansiosos, os mesmos ainda puderam ser percebidos, uma vez que o ambiente e o perfil da paciente (basal mais ansioso) contribuíam para tal, porém, com maior controle das emoções.

Para a abordagem cognitiva, as reações emocionais são estabelecidas pelas avaliações que o indivíduo concebe de seu ambiente e de si próprio em relação a esse meio. As inúmeras avaliações concebidas definem o quão ameaçador é para o indivíduo determinada situação[13].

M. demonstrava preocupação com a ausência de diagnóstico para os recorrentes ataques cardíacos, sendo observada a necessidade em nomear aquilo que lhe causava riscos. Porém, pode-se notar que essa necessidade também estava atrelada a possíveis meios de manter-se no foco da atenção dos familiares. Foi proposto então reflexão sobre a necessidade de um diagnóstico, conduzindo o atendimento para a identificação dos pensamentos automáticos que embasavam suas crenças e mobilizavam a paciente.

A seguir, pensamentos apresentados nesta situação:

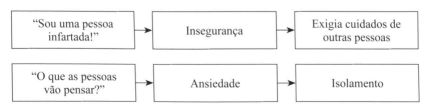

Ao investigar esses pensamentos, M. referia a sensação de vulnerabilidade e vitimização frente ao adoecimento e, a necessidade em obter respostas a esses pensamentos, poderia reafirmar as crenças de desamparo e desamor observadas na paciente. Foram trabalhados alguns pontos importantes referentes ao modo de enfrentar as situações, porém o atendimento psicológico junto à dinâmica hospitalar tem por característica o atendimento focal nas dificuldades do paciente. Assim, adentrar em aspectos mais profundos do paciente por vezes se torna difícil devido ao período de hospitalização e até mesmo a disponibilidade do paciente para tal.

No entanto, ao longo da hospitalização apesar de M. apresentar momentos mais ansiosos, conseguiu permanecer focada no tratamento e demonstrou melhor enfrentamento para lidar com o pós-hospitalização. Todavia, foi-lhe orientado que buscasse acompanhamento psicológico e psiquiátrico externo após a alta hospitalar.

Considerações finais

Considerando a incidência de hospitalizações devido a Infarto Agudo do Miocárdio e analisando suas possíveis repercussões emocionais, pode-se observar a importância do cuidado integral a esse paciente. Por apresentar alguns padrões de comportamento comuns ao adoecimento, comumente nota-se sintomas ansiosos que repercutem tanto no tratamento, assim como na incidência de um novo episódio de IAM. Ao identificar a dificuldade dos pacientes em modificar alguns hábitos e comportamentos mesmo após a hospitalização, faz pensar na importância e necessidade de continuidade de acompanhamento terapêutico após a alta hospitalar.

O acompanhamento terapêutico tem sido bastante eficaz no tratamento dos sintomas ansiosos, por meio de estratégias de enfrentamento para lidar com os sintomas e mudanças de comportamento, possibilitando explorar crenças disfuncionais diante das situações ameaçadoras acometidas pelas variáveis hospitalares.

REFERÊNCIAS BIBLIOGRÁFICAS

1. César TO. Gonçalves M. Aspectos psicossociais como fatores de risco e de mau prognóstico de doença cardiovascular. Psychiatry on line Brasil. http://www.polbr.med.br/ano14/prat0714.php. 2014; 19(7).

2. Portal da Saúde – SUS. Infarto agudo do miocárdio é primeira causa de mortes no país, revela dados do Datasus. Disponível em http://datasus.saude.gov.br/noticias/atualizacoes/559-

INFARTO AGUDO DO MIOCÁRDIO: QUANDO A SITUAÇÃO SAI DO CONTROLE

-infarto-agudo-do-miocardio-e-primeira-causa-de-mortes-no-pais-revela-dados-do-datasus. Acesso em 15/01/2015.

3. Souza RP, Erlichman MR. Angina e Infarto do Miocárdio: Componentes Emocionais. In Knobel E. Coração...é emoção: a influência das emoções sobre o coração. São Paulo: Atheneu; 2010; 91-99.

4. Portal do Coração. O que é Infarto do Miocárdio, ou ataque cardíaco? Disponível em http:// portaldocoracao.uol.com.br/infarto-do-miocardio/o-que-e-o-infarto-do-miocardio-ou-ataque-cardiaco. Acesso em 15/01/2015.

5. Sociedade Brasileira de Hemodinâmica e cardiologia Intervencionista. Disponível em http:// sbhci.org.br/casos-clínicos/infarto-agudo-do-miocard/. Acesso em 15/01/2015.

6. Pesaro AEP. et al. Infarto agudo do miocárdio – Síndrome Coronariana aguda com Supradesnível do Segmento ST. Rev Assoc Med Bras 2004;50(2):214-20.

7. Piegas LS et al. Diretriz da Sociedade Brasileira de cardiologia sobre Tratamento do Infarto Agudo do Miocárdio com Supradesnível do Segmento ST. Arq Bras Cardiol. 2009;93(6supl.2).179-264.

8. Carvalho SPM. A personalidade na etiologia e progressão da doença física. Universidade Católica Portuguesa – Monografia, 2010. Disponível em http://www.psicologia.pt/artigos/textos/TL0176.pdf. Acesso em 20/03/2015;38p.

9. Perez GH. Corações e Mentes: uma relação tão delicada. Compreendendo e lidando com os aspectos psicológicos das doenças cardíacas. In: Isosaki M.; Ávila ALV. Como cuidar de seu coração. Atheneu: São Paulo; 2010;35-50.

10. Dalgalarrondo P. Psicopatologia e Semiologia dos Transtornos Mentais. 2ª ed. Artmed: Porto Alegre; 2008;155-173.

11. Greenberger D, Padesky CA. A mente vencendo o humor. Artmed: Porto Alegre; 2008;147-160.

12. Wright JH, Basco MR, Thase ME. Aprendendo a terapia cognitivo-comportamental: um guia ilustrado. Artmed: Porto Alegre; 2008. Cap 1,15-31: Princípios básicos da terapia cognitivo--comportamental. Cap 7, 121-136: Métodos comportamentais II – Reduzindo a ansiedade e rompendo padrões de evitação.

13. Rangé B. Psicoterapia Cognitiva. In Rangé B. (org). Psicoterapia comportamental e cognitiva: pesquisa, prática, aplicações e problemas. Editora Psy: Campinas; 1995;89-107.

14. Dresch V. Relaciones entre personalidad y salud física-psicológica: diferencias según sexo--genero, situación laboral y cultura-nación. Tesis Doctoral, Universidad Complutense de Madrid, 2006;337.

CAPÍTULO 6

69

Capítulo 7

A Vivência com o Coração Artificial: Tornar o Artificial Natural é Possível?

Viviane dos Santos G. Ribeiro

"Eu já falei tantas vezes / E você nada de me ouvir /
Vão-se os dias, anos e meses
E tudo que você sabe fazer é sentir /
Quantas canções falam de você
Tantas paixões sem você não são /
Não pare nunca pra eu não morrer
(...)
Chega, o que liberta é também prisão /
(...)
Coração surdo não tem juízo / Não ouve nunca a voz da razão
E razão você sabe, é preciso / Pra curar a sua loucura, coração
Bandido cansado de enganos /Heróis de capa e espada na mão
Esquece metas, retas e planos / Veleja no mar escuro da ilusão"
(Calma aí coração, Zeca Baleiro)

Os avanços do maquinário tecnológico e a descoberta de novas técnicas profissionais têm proporcionado o prolongamento da vida do ser humano. Com isso, é inevitável que a sociedade se confronte periodicamente com questões que antes não eram necessárias de se pensar, sobretudo ao abordar questões sobre o envelhecimento[1] ou ao se deparar com situações em que a *impotência* diante da morte se torna presente, e, assim, gera a necessidade de buscar caminhos alternativos para prolongar a vida.

Atualmente, esse tema tem ocupado um espaço importante nas minhas reflexões, uma vez que se torna a cada momento mais presente na minha prática

CAPÍTULO 7   71

profissional, sobretudo, com os pacientes que possuem insuficiência cardíaca terminal. O encontro desses pensamentos com a possibilidade de escrever este capítulo traz a oportunidade de compartilhar sobre as possíveis repercussões emocionais dos pacientes e de seus familiares, quando recebem a indicação e, ainda, quando se concretiza a implantação de dispositivos de assistência ventricular, conhecidos como VAD´S.

Apesar de essa possibilidade ser bem conhecida em países desenvolvidos, sendo possível já perceber resultados positivos significativos[2], no Brasil ainda é um campo um pouco desconhecido e novo, tendo um número baixo de casos realizados e que obtiveram sucesso[3]. Ao buscar sobre os reflexos psicológicos nessa questão, a literatura brasileira ainda é bastante escassa, uma vez que essa temática em nosso país ainda está "engatinhando".

Transformando o desconhecido em conhecido – entendendo sobre os VAD´S

O desenvolvimento de estratégias terapêuticas, no tratamento das doenças cardíacas, como as coronarianas, valvares e congênitas, por exemplo, tem possibilitado o aumento importante da sobrevida dos pacientes que sofrem dessas patologias. A literatura aponta por meio de estudos, que o uso de dispositivos de assistência circulatória mecânica nesses pacientes favorece a reversão das alterações estruturais ocasionadas no miocárdio, sendo caracterizada como remodelamento reverso, permitindo, assim, a melhora da capacidade funcional do coração[4].

A insuficiência cardíaca, sendo uma doença crônica, progride para a fase avançada e possui um nível alto de mortalidade se comparado com os pacientes que sofrem o infarto agudo do miocárdio e específicos tipos de câncer, como o de mama, bexiga e próstata, sendo menor apenas no câncer de pulmão[5].

Nesse contexto, devido à progressão da doença, a alternativa encontrada pela medicina para interromper esse processo, oferecendo o retorno às condições adequadas para o coração é o transplante cardíaco. Apesar de parecer um processo fácil e simples, na realidade não passa por essa simplicidade aqui descrita. Esse procedimento envolve diversos riscos e efeitos colaterais, exige uma prática de excelência em relação à execução do procedimento cirúrgico e

A Vivência com o Coração Artificial: Tornar o Artificial Natural é Possível?

outro ponto bastante relevante nessa situação é que essa indicação não atende a todos os pacientes que experimentam essa amarga vivência, uma vez que temos carência de doadores de órgãos, o que pode levar a morte do paciente enquanto aguarda na fila de espera[5].

Ao longo dos anos, enfrentando essa complicada realidade, foram construídas novas alternativas terapêuticas para que fosse possível proporcionar "mais tempo" a esses pacientes, dando a eles e a equipe que cuida, nova esperança diante da angústia de confrontar-se com a inexorável condição humana, que é a morte. Assim, poderia ser sanada também a demanda daqueles pacientes que não têm indicação clínica por diferentes motivos para o transplante cardíaco[2,5].

Levando em consideração esse panorama, os VAD's têm a capacidade de melhorar as condições hemodinâmicas por período prolongado ou de substituir, tanto parcialmente como em sua totalidade, definitiva ou temporariamente, as funções de bombeamento do coração, tornam-se uma oportunidade para esses pacientes e, consequentemente, ganham a cada momento mais espaço nesse campo da medicina.

O intuito deste capítulo não é aprofundar o conhecimento técnico sobre cada tipo de dispositivos de assistência circulatória mecânica, pois essa tarefa cabe aos médicos, mas percebo a importância de que nós, psicólogos, precisamos conhecer basicamente a especificidade de cada um dos dispositivos, uma vez que o funcionamento do aparelho provoca uma implicação psíquica para o sujeito que poderá se submeter a essa "máquina" como será abordado um pouco mais à frente.

Existem diferentes tipos de dispositivos que permitem o uso tanto em situações de crise aguda, como em miocardiopatias de diversas origens, como também em situações de cronicidade, como na insuficiência cardíaca terminal. A equipe procura atender com o melhor aparelho à necessidade física do paciente e caso não tenha um equipamento ideal, a literatura sugere que concilie a opção que for mais adequada e disponível dentre todas as máquinas existentes[5].

Os diferentes usos podem ser classificados como[5]:

- *Terapia de decisão*: ocorre em situações agudas, quando a equipe médica ainda não consegue saber como o paciente irá reagir clinicamente, não sendo possível, até aquele momento, ter uma conduta definitiva

Capítulo 7   73

Do Nascimento à Morte: Novos Caminhos na Prática da Psicologia Hospitalar

para o caso. Essa terapia fica sendo uma opção para avaliar a evolução clínica do paciente e verificar se apresentará condições para que seja indicado o transplante cardíaco como tratamento. Essa terapia é caracterizada como de curta duração, sendo sugerido o uso por até 30 dias;

- **Terapia ou ponte de resgate**: neste caso, o objetivo é que o dispositivo seja utilizado por um período temporário e ofereça ao miocárdio a possibilidade de recuperar sua capacidade funcional. Essa terapia é caracterizada como de curta e média duração, sendo sugerido o uso entre 30 dias e 1 (um) ano;

- **Ponte para transplante cardíaco**: utilizado nos casos em que o miocárdio não tem possibilidade de melhora, sendo necessário o transplante, porém devido o tempo de espera que pode ser longo e, assim, deteriorar os outros órgãos e impossibilitar o processo do transplante ou até mesmo provocar a morte, opta-se por essa alternativa para "poupar" o **corpo** do paciente nesse período. Essa terapia é caracterizada como de curta e média duração, sendo sugerido o uso entre 30 dias e 1 (um) ano;

- **Terapia de destino**: estratégia usada quando o paciente recusa ou apresenta alguma contraindicação para o transplante cardíaco. A literatura tem trazido como sendo o mais recente tipo de terapia para esses dispositivos, sendo caracterizada como longa duração.

Neste capítulo, o objetivo é abordar os casos em que utilizam os dispositivos para as terapias de resgate, de ponte para o transplante cardíaco e de destino. É importante ressaltar que nessas situações, o paciente ficará *ligado* a uma máquina, que realizará a função de bombeamento do fluxo sanguíneo que o coração realiza, podendo ser em alguns casos a implantação interna, como em outros, externa ao corpo (quando parte da máquina fica exposta), sendo possível, inclusive, enxergar o fluxo sanguíneo.

Para esse tratamento, algumas questões se fazem necessárias que tanto os pacientes como os seus familiares, cuidadores "desse maquinário", saibam, como, por exemplo, a necessidade de que a empresa fornecedora de energia elétrica do local em que esse paciente reside seja informada que há necessidade de prioridade de fornecimento, assim como ocorrem com outras instituições, como hospitais. Assim, busca-se garantir que caso haja algum problema elétrico no local, esse paciente não sofrerá nenhuma repercussão, uma vez que qualquer impossibilidade de fornecimento de energia acarretará em parada da máquina e, assim, o óbito do paciente.

74

Capítulo 7

Após a implantação desse aparelho, seja para uso temporário como definitivo, o paciente não poderá realizar mais ressonância magnética e nem permanecer mais submerso na água, por exemplo. Parecem detalhes muito pequenos em relação a imponente situação da sobrevida desses pacientes, porém é necessário sempre discutirmos essas questões, uma vez que estamos propondo oferecer uma melhor qualidade de vida a cada um deles. Levando isso em consideração, temos de pensar sobre o que representaria, por exemplo, para um atleta de natação ou um surfista esse *pequeno* detalhe de não poder mais ficar submerso, seja em uma piscina ou dar um mergulho no mar. Alguns relatos de pacientes atendidos por mim até o momento, em que foi oferecida essa possibilidade terapêutica me apontaram essas questões: "Como assim, eu que amo nadar, inclusive o meu melhor ano, mesmo tendo insuficiência cardíaca, foi quando eu consegui a fazer natação... E se usar isso, não poderei mais entrar na piscina!!! Não, jamais!" (*sic* paciente).

Trago então nessa oportunidade, não o julgamento se isso é um detalhe importante ou não, mas sim a necessidade de oferecer essa discussão para o paciente, sendo ele o maior interessado e responsável pela decisão, até porque quem poderá nos sinalizar se é ou não um detalhe sempre será o próprio paciente. A equipe que cuida desse paciente tem sim o **dever** de oferecer e compartilhar essa decisão com ele, sempre que possível. Existem situações em que não há tempo hábil ou condições clínicas de oferecer isso ao paciente antes, então a equipe deve se manter atenta sobre como será a reação dele e oferecer o melhor cuidado após a implantação do VAD.

Não podemos nos afastar do *sujeito*, aquele que vai para além de um corpo físico da medicina, estamos tratando do José, da Maria, do Fernando, etc. Essa reflexão e conduta exige um certo grau de maturidade e cuidado por parte da equipe toda que trata desses pacientes.

"Oi, tum, tum, bate coração, oi, tum, coração pode bater"... E o que acontece quando não bate mais?

É de longa data que se convive com a *carga* simbólica que o órgão do coração traz no imaginário dos seres humanos. Visto sempre como o órgão principal do corpo humano, sendo associado à **vida**, a pulsação cardíaca é um dos sinais vitais. Através dela, consegue-se mensurar e saber se está dentro do padrão esperado para o funcionamento daquele corpo. Com esse funcionamento adequado, é possível também manter o "equilíbrio" necessário com os outros órgãos, alcançando assim o objetivo final físico, de manter a vida.

Complementa-se a essa ideia, a atribuição dos sentimentos a esse órgão, sendo compreendido como o detentor dos afetos, da personalidade, do guardião dos mais profundos segredos[6] e, assim, pode-se juntar os dois aspectos que constituem o *sujeito*, ou seja, a vida do *corpo físico* e a vida do *"corpo" psíquico.* Torna-se evidente a existência da relação entre esses dois *"corpos"*, assim como também os reflexos dela.

Uma simples situação que evidencia isso é quando tomamos consciência dos nossos comportamentos através dos reflexos no corpo físico, ou seja, se estamos tranquilos, calmos, muito provavelmente nossa pulsação acompanha esse ritmo "emocional", assim como quando ocorre o contrário e nos agitamos, estamos ansiosos ou apreensivos, é como se precisasse que o sangue circulasse também rapidamente para dar conta dessa necessidade.

Diante dessa reflexão, percebo que é importante avaliar o impacto no imaginário desses sujeitos em duas situações: quando eles recebem a *indicação* para o uso dos dispositivos de assistência circulatória mecânica e, depois, quando *decidem implantar* e conviver dali para frente com essa realidade.

Não temos ainda muitos estudos brasileiros, principalmente que avaliem a repercussão psicológica que envolve essa problemática, mas sabe-se por meio dos apontamentos internacionais o quanto tem sido priorizada a avaliação e o acompanhamento psicológico não só dos pacientes como dos seus familiares[7,8]. É indiscutível que diante das exigências que essa experiência impõe ao sujeito, há importantes repercussões emocionais que devem ser levadas em consideração, e ter a garantia de um espaço necessário para que elas possam ser expressas e também cuidadas tem se mostrado fundamental para a conquista dos resultados "positivos", como são esperados por todos.

A experiência clínica tem demonstrado que o fato de a equipe médica conversar com os pacientes, quando se há tempo para discutir – normalmente nos casos que aguardam o transplante cardíaco ou como terapia de destino – sobre a possibilidade de ser implantado um VAD, ou seja, apenas a *indicação*, já provoca uma turbulência emocional ensurdecedora para muitos desses sujeitos. O impacto emocional de ouvir sobre *coração artificial* traz em seus discursos um importante estranhamento, manifestações de extrema ansiedade, questionando-se sobre o fato de como é se perceber com "isto" no corpo. A possibilidade do momento em nomear como *isto* deflagra esse estranhamento e pode sugerir diversas compreensões sobre a representação que essa indicação pode ter para o sujeito, sendo necessário o olhar cauteloso e a escuta diferenciada para essa demanda que se faz presente. Para exemplificar essa percepção, lhes trago algumas falas de dois pacientes ao receberem essa indicação: "serei a mulher bomba praticamente, né?" – paciente 1. "não quero me imaginar com toda essa máquina" – paciente 2, este recusou este tratamento e faleceu depois de um tempo.

Ainda explorando as repercussões sobre ser *artificial,* percebe-se que o fato de ser uma máquina e talvez a fantasia do sujeito de que há uma maior possibilidade de falha, afinal é um coração **artificial** e é construído por seres humanos, amplia o medo de estar submisso a *isto*. Vê-se assim "duplamente vulnerável" – diante da possível falha da máquina, ou, ainda, da própria morte? Esse receio surgiu em minha experiência clínica através dos discursos dos pacientes durante os atendimentos psicológicos que seguiram após a indicação médica – "ficarei ligada a essa bateria..." (*sic* paciente).

É importante considerar que essa **máquina cardíaca** possui implicações extremamente peculiares em relação a outros tipos de máquinas utilizadas na medicina para melhorar a qualidade de vida do sujeito, como ocorre, por exemplo, na hemodiálise e na diálise peritoneal. Atualmente, é legitimado o comprometimento emocional do sujeito em decorrência da necessidade de estar ligado mesmo que temporariamente a elas. Podemos usar o duplo sentido do termo "ligado", sendo tanto para contemplar o aspecto físico, *acoplado*, quanto o psíquico, *se manter atento.*

Pensando nessa associação e ainda somada à representação simbólica do coração, essa situação dos dispositivos de assistência ventricular pode gerar intensa ambivalência emocional, diante da situação real que **vida** impõe ao sujeito, que é a **morte**. A questão da finitude fica muito evidente e intensa nessa experiência, é como se a máquina trouxesse para o paciente a todo o momento a consciência de que ele só pode estar vivo por causa dela e assim, ao mesmo tempo em que pode gerar um alívio por estar vivo, traz muito próximo a ele a angústia de poder morrer a qualquer momento.

A psicanálise contribui para compreendermos sobre o quanto é insuportável convivermos com esse pensamento, sobre o imponderável da **morte**. Devido à extrema angústia gerada por essa questão, o sujeito utiliza-se de diversos mecanismos protetores, buscando se afastar desse desconforto psíquico e assim conseguindo viver[9,10]. Por isso, dizemos que racionalmente todos sabemos que morreremos, que é uma condição da vida, mas seria da ordem do insuportável viver só com a consciência dessa realidade, vivenciando a todo momento essa angústia.

Quando os reflexos disso para o sujeito circundam o intolerável, ele pode buscar uma alternativa menos insuportável psiquicamente, o que pode até significar naquele momento optar em não realizar a implantação. O que talvez do ponto de vista orgânico possa ser muito difícil de ser aceito, muitas vezes até mesmo pela equipe, quando surgem questionamentos e julgamentos por essa atitude. Muitas vezes torna-se necessário também um trabalho em conjunto com a equipe para que seja aceita a escolha possível para o sujeito.

Não é incomum escutar de alguns pacientes que "preferem" suportar as limitações físicas e viver o tempo que for possível para eles nessa condição de muitas restrições, mas que seja mantido o tempo *"de verdade"*, ou seja, entendo que essa fala representa a garantia ilusória de continuarem vivos, apesar do desconforto e receios presentes nesse descompasso do corpo, ainda assim, são menores do que o medo do desconhecido e da incerteza que seria implantar um dispositivo.

Essa impossibilidade de se perceberem existindo através da máquina ocupa um espaço significativo para esses pacientes. Diante disso, podemos fazer uma aproximação com a questão que surge nos casos do transplante cardíaco quando se deparam com a realidade de viver com um coração de outra pessoa, ou seja, a necessidade de incorporar essa máquina como parte integrante do *seu* corpo, assim como o enxerto do coração. Compreendo, portanto, que esse processo de incorporação tanto do enxerto quanto da máquina, exige um intenso desgaste de energia psíquica do sujeito, uma vez que ele terá de desconstruir sua imagem corporal para que consiga reconstruí-la a partir dessas necessidades atuais. De

A Vivência com o Coração Artificial: Tornar o Artificial Natural é Possível?

certo modo, esse processo envolve também a importância de esse sujeito conseguir elaborar o luto de mais esta perda vivida por ele.

> "(...) o corpo possui memória e também uma identidade, chamada de imagem corporal. Desse modo, pondera-se que a imagem corporal é um aspecto muito importante da identidade pessoal. (...) A imagem corporal, por sua vez, abrange todos os aspectos pelos quais a pessoa vivencia e conceitua seu corpo. Essa imagem deve ser compreendida como um fator único de cada ser humano, pois reflete a história de uma vida e a trajetória de uma identidade, com suas emoções, pensamentos e representações sobre as outras pessoas. Não existe imagem corporal coletiva[11]"

Parte da letra da música parafraseada no início deste capítulo, que diz *"Chega, o que liberta é também prisão ..../ Não pare nunca pra eu não morrer"* evidencia a ambivalência entre a vida e a morte sentida por esse sujeito. O fato de ter uma máquina que o liberta para se manter vivo é ao mesmo tempo experimentado por ele como sendo uma limitação e restrição intensa, sentindo-se preso a ela. A sua vida se dá pela máquina e isso pode ser representado, por exemplo, pelo fato de os pacientes não conseguirem mais mensurar a pressão arterial, ou não sentirem mais seus batimentos cardíacos, como acontece na implantação de alguns dispositivos artificiais. Como será que fica a representação simbólica para esses sujeitos, uma vez que vamos construindo ao longo de toda a vida justamente essa relação associativa desses sinais "vitais" com a simbologia da vida?

O impacto disso pode ser compreendido através da insegurança que alguns pacientes sentem diante dessas restrições, sendo percebido em algumas situações relatadas. Explicam que em alguns momentos a sua permanência no hospital era mais tranquila do que voltar para a casa, assim como a insegurança ao se depararem com a necessidade de se locomoverem, quando já estão fora do hospital, devido o medo que a bateria acabe ou dê algum problema no percurso, mesmo sabendo que possuem as de reserva. Isso pode provocar uma paralisação ou fazer com que alguns evitem essas saídas de casa, evitando, na verdade, a ansiedade e angústia que essa situação lhe traz. A possibilidade de infecção constante também é descrita por eles como um fator de intensa vulnerabilidade tanto física como psíquica, uma vez que essa complicação pode levar a morte real do sujeito[7].

Capítulo 7

79

A percepção em relação a esses aspectos permite compreender os dados que as pesquisas têm apresentado[7], sendo necessário abordar e trabalhar esses fatores tanto com eles quanto com seus familiares que compartilham essa angústia. Isso é tão intenso e presente na subjetividade desses sujeitos que os mesmos estudos demonstram que a retirada da máquina, nos casos em que o uso é temporário e no transplante cardíaco, provoca também intensa insegurança.

É como se a máquina tivesse se ocupado de um espaço mental concreto "seguro" em relação à impossibilidade da morte, ou seja, mesmo tendo o músculo cardíaco recuperado sua capacidade funcional, os pacientes sem a presença da máquina não se mostram tão fortalecidos emocionalmente como esse músculo, possivelmente devido à representação da "garantia" da vida pela máquina, que acaba sendo na verdade uma garantia ilusória.

O sujeito vivencia um momento em sua vida no qual se sente muito amedrontado diante de tantas perdas e o receio de ter outras mais. A fragilidade física favorece um alto nível de vulnerabilidade psíquica, roubando muitas vezes as suas possibilidades e potencialidades, como se com tantos "nãos concretos" tivessem retirado junto a sua condição de sujeito, sua subjetividade. Nós, como psicanalistas, temos de entender que essa situação pode desapoderar o sujeito e uma de nossas contribuições é permitir a expressão disso para ele e ajudá-lo a encontrar, ou reencontrar, seus *poderes*, suas potencialidades.

> "Nessa escuta, o coração ouvido pelo psicanalista é muito diferente do coração ouvido pelo cardiologista. Nós damos importância ao coração que representa o sujeito; ao coração por onde circula a pulsão trazendo as marcas do desejo; ao coração que porta o enigma do sujeito. Sabemos nós, que além das recomendações médicas que englobam alimentação, condicionamento físico, evitação de situações estressantes, uma mudança de atitude psicológica se faz necessária para a recuperação da saúde (...)[12]"

É necessário ajudá-lo a perceber que o poder não está apenas na máquina acoplada a ele, e sim no quanto de poder que é dado a ela. Essa possibilidade nos convida como analistas desse sujeito, acompanhá-lo nesse processo. Talvez por muito tempo esses pacientes venham se percebendo como sujeitos desapoderados, uma vez que essa patologia, a Insuficiência Cardíaca, vai lhe roubando a cada momento algo a mais de sua vida.

Considerações finais

Considerando a complexidade que esse tratamento envolve tanto para os pacientes quanto para os seus familiares a avaliação psicológica e o acompanhamento desses pacientes se torna essencial. Aspectos próximos a uma avaliação psicológica que ocorre em um processo de transplante cardíaco devem ser realizados também nessa clínica, respeitando as particularidades que essa experiência possui.

Por ser uma realidade ainda de pouca vivência em nosso país, torna-se imprescindível a discussão sobre esses aspectos que rodeiam essa experiência e a importância de *escutar* as necessidades trazidas por esses sujeitos e seus familiares e não apenas nos manter no *ouvir*. A escuta ultrapassa o ouvir, ou seja, é quando somos capazes de entender a representação do que a **fala** do sujeito quer realmente dizer.

A busca dessa compreensão e a discussão por parte de todos os profissionais envolvidos nessa problemática poderá nos auxiliar nessa construção profissional por uma trajetória mais segura no cuidado desses pacientes, justamente por ser um processo ainda muito embrionário em nossa realidade, e, ainda, por nosso país ser tão singular em relação aos aspectos sociais que tornam-se relevantes para o sucesso desse procedimento.

REFERÊNCIAS BIBLIOGRÁFICAS

1. Instituto Brasileiro de Geografia e Estatística. Pirâmide Etária Brasileira. [Internet]. [citado 21 dez.. 2014]. Disponível em: http://www.ibge.gov.br/home/estatistica/populacao/projecao_da_populacao/2008/piramide/piramide.shtm.

2. Moreira, L. F. P.; Benício, A. Assistência circulatória mecânica: uma grande lacuna na cirurgia cardíaca brasileira. Rev Bras Cir Cardiovasc 2010. Oct./Dec. v.25 (4). [citado em 21 de dez 2014]. Disponível em http://www.scielo.br/scielo.php?script=sci_arttext&pid=S0102-76382010000400005.

3. Galantier, J. Avaliação do emprego clínico do dispositivo de assistência ventricular InCor como ponte para o transplante cardíaco. [Tese na internet]. São Paulo (Brasil): Universidade de São Paulo. Faculdade de Medicina; 2007 [citado 21 dez. 2014]. Disponível em: http://www.incor.usp.br/sites/cirtoracica.259/images/docs_cir/teses/tese_joo_galantier.pdf; 2007

4. Zafeiridis A, Jeevanandam V, Houser SR, Margulies KB. Regression of cellular hypertrophy after left ventricular assist device support. Circulation. 1998 Aug 18;98(7):656-62 [citado em 10 de jan de 2015]. Disponível em http://www.ncbi.nlm.nih.gov/pubmed/9715858

5. Fiorelli AI et al. Assistência circulatória mecânica: porque e quando. Rev Med 2008. jan.--mar.;87(1):1-15 [citado em 10 de jan de 2015]. Disponível em http://www.revistas.usp.br/revistadc/article/viewFile/59055/62042

Do Nascimento à Morte: Novos Caminhos na Prática da Psicologia Hospitalar

6. Tamagnini, E. Transplante Cardíaco: sistema tensional inconsciente dominante e diagnóstico adaptativo operacionalizado de mulheres candidatas ao enxerto. [Dissertação na internet]. São Paulo (Brasil): Universidade de São Paulo. Departamento de Psicologia Clínica do Instituto de Psicologia: 2009 [citado 21 dez 2014]. 132 p. Disponível em: file:///C:/Users/cloliveira/Downloads/dissertacaomestradoelisabetejoyce.pdf.

7. Chapman, E et al. Psychosocial Issues for Patients with Ventricular Assist Devices: a qualitative pilot study. Am J Crit Care. 2007. Jan 16 (1) 72-81. [citado em 21 de dez de 2014]. Disponível em http://ajcc.aacnjournals.org/content/16/1/72.full#content-block.

8. Heilmann, C et al. Supportive psychotherapy for patients with heart transplantation or ventricular assist devices. Eur J Cardiothorac Surg. 2011. Abr 39(4): e44-e50. [citado em 21 de dez de 2014]. Disponível em http://ejcts.oxfordjournals.org/content/39/4/e44.full

9. Freud, S. Luto e melancolia. In: _____. A história do movimento psicanalítico. Rio de Janeiro: Imago; 1988;243-263. Edição Especial

10. Freud, S. Nossa atitude perante a morte. In: _____. A história do movimento psicanalítico. Rio de Janeiro: Imago; 1988. p. 299-309. Edição Especial

11. Tavares, M. Imagem corporal: conceito e desenvolvimento. Barueri: Manole, 2003;152p

12. Pimentel, L. Os Descompassos Coração. [citado em 13 de jan de 2015]. Disponível em http://www.unipsico-al.com.br/sgw/ModNoticias/Anexos_noticias/osDescompassosDoCoracao.pdf.

Seção 3

A Perda de Si Mesmo no Hospital

Capítulo

Quadros de *Delirium* no Hospital: Lidando com o Desconexo Através do Vínculo

Júlia Fernandes Caldas Frayha
Juliana dos Santos Batista

"– O Senhor acha que eu estou enlouquecendo"?
– Eu acho que sim! Você está louca, maluca, perdeu a razão.
Mas vou te contar um segredo – As melhores pessoas são assim.
É apenas um sonho, Alice!"
(Tim Burton – Alice no País das Maravilhas)

Delirium trata-se de uma síndrome transitória e flutuante, caracterizada por perturbações simultâneas de consciência e cognição em curto espaço de tempo, com causas multifatoriais e fortemente presente em pacientes críticos. Está associado ao maior índice de morbidade e mortalidade e infelizmente ainda segue subdiagnosticado[1-7].

O déficit de atenção é o fenômeno mais aparente em pacientes com *delirium*; entretanto, outros sinais estão presentes neste quadro, como, por exemplo, a ocorrência de distorções no campo perceptivo, comprometimento no pensamento abstrato, na compreensão e na memória, ilusões e alucinações, delírios, desorientação temporal e incoerência no discurso[8].

No ciclo vigília-sono, o paciente pode ser acometido por insônia, sonolência diurna, sonhos perturbadores e/ou pesadelos, ou ainda a inversão do dia pela noite. No campo emocional, nota-se a presença de ansiedade, medo, euforia, irritabilidade, humor deprimido e apatia[5,8].

Dentre as principais causas desencadeadoras, podem-se destacar as doenças do sistema nervoso central, as doenças sistêmicas e a intoxicação ou abstinência de agentes farmacológicos[3].

O *delirium* pode ser classificado em alguns tipos, a saber[1]:

***Delirium* hipoativo**: caracteriza-se por sinais de apatia, sonolência, letargia e lentificação psicomotora. Muito comum em pacientes idosos e pode passar despercebido em situações em que não há avaliação específica, uma vez que facilmente pode ser confundido com um episódio depressivo.

***Delirium* hiperativo**: presença de agitação psicomotora que pode expor o paciente a riscos, uma vez que tende a tentar remover dispositivos invasivos. Sua identificação poder ser mais fácil, porém sua prevalência é menor se comparada com os demais subtipos.

***Delirium* misto**: caracteriza-se pela variação imprevisível dos sintomas de *delirium* hipoativo e hiperativo.

Quanto aos fatores de risco para a ocorrência de *delirium*, podem ser relacionados com uma condição preexistente, como: idade, comorbidades prévias, hábitos pessoais, como alcoolismo, tabagismo ou uso de outras substâncias, desnutrição, comprometimento visual ou auditivo, a uma condição aguda da doença, como, por exemplo, alterações metabólicas e sepse, ou ainda a fatores iatrogênicos ou ambientais, como medicações, restrição física, cateteres e sondas, bem como condições da própria unidade de terapia intensiva, como iluminação, isolamento e ruídos constantes[1,4].

Dentre as formas de identificação e monitorização de *delirium* em UTI, os estudos atuais destacam o uso da escala ICU-CAM *(Confusion Assessment Method)* e ICDSC *(Intensive Care Delirium Screening Checklist)*, ambas traduzidas e validadas para uso no Brasil. A identificação é imprescindível, pois, quando tratado, o *delirium* tem rápida possibilidade de melhora e facilita que medidas de prevenção sejam tomadas, a fim de reduzir a incidência[1].

Em relação ao tratamento, além da administração de medicamentos, outras medidas terapêuticas podem ser tomadas para contribuir na recuperação e proteção do paciente, como mudanças no ambiente, contenção mecânica e aproximação familiar.

Atuação com equipe e família

Os casos de *delirium*, diagnosticados nas unidades de cuidados intensivos, podem ser entendidos como um momento de crise, vivenciado tanto pelo paciente, quanto pela equipe e pelos familiares. Compreende-se crise como um estado psicológico, no qual o fator desencadeante é o desequilíbrio entre a percepção da dificuldade, a importância do problema e os recursos disponíveis para sua solução[9].

Lidar com pacientes em *delirium* é um desafio para a equipe assistencial e para a família, principalmente no que concerne o manejo com o próprio paciente e os aspectos emocionais desencadeados por essa vivência. É nesse espaço de interrogação que o psicólogo pode atuar, favorecendo a compreensão e promovendo recursos para que equipe e família possam se organizar minimamente frente ao caos introduzido por esse quadro clínico.

Por existirem instrumentos específicos e de fácil aplicação para a avaliação do *delirium*, o ideal seria o uso do mesmo em todas as unidades; entretanto, sabe-se que esta não é a realidade atual. Essa situação corrobora o subdiagnóstico do quadro e a prática em UTI nos expõe dois caminhos recorrentes: pacientes com *delirium* hiperativo são facilmente diagnosticados pela equipe, por suas características mais evidentes, e pacientes com *delirium* hipoativo, cuja incidência é maior, muitas vezes passam despercebidos e podem ter seus sintomas confundidos com humor deprimido e apatia. Nessas situações, é muito comum que as evidências de um discurso desconexo sejam percebidas apenas na avaliação psicológica.

Equipe

Quando se pensa no conceito de crise descrito aqui e qual o lugar ocupado pela equipe assistencial frente a quadros de *delirium*, o que se observa é uma limitada percepção da dificuldade, visto que o *delirium* continua subdiagnosticado e uma atenção restrita ao aspecto clínico e às suas possibilidades terapêuticas.

A equipe costuma, portanto, ter pouca intimidade com os pacientes em *delirium*, pois o trato com estes implica ter de lidar com aspectos subjetivos, o que pode dificultar a avaliação e intervenção, gerando, em muitos casos, afastamento do contato com o paciente, sensação de impotência e incômodo, hostilidade e aumento da ansiedade e do desejo de "verem-se livres" do paciente[10].

O psicólogo tem, portanto, várias frentes de atuação com a equipe, que vão desde a orientação e discussão dos aspectos e consequências emocionais desse quadro, o manejo no contato com o paciente em sofrimento e com sua família, até o trabalho com as repercussões emocionais que o trato desses pacientes provoca nos profissionais de saúde.

O psicólogo pode, também, trabalhar com a equipe na observação do ambiente e se este favorece a recuperação do paciente, como a posição do leito, a iluminação, o nível de barulho, auxiliando esses profissionais a perceber a importância dessas mudanças a partir da necessidade que cada paciente traz. Essa abordagem favorece a formação de uma parceria entre equipe e psicólogo, que se mostra fundamental para tornar a estadia desse paciente na UTI menos sofrida, podendo, em muitos casos, reduzir os efeitos do *delirium* ou, até mesmo, evitá-lo.

Família

O diagnóstico de *delirium* afeta emocionalmente a família do paciente e pode provocar muito sofrimento se não for devidamente explicado e orientado. Muitas vezes, esse trabalho de orientação acaba ficando a cargo do psicólogo, pois para esses familiares, não raro a compreensão em termos médicos do que está acontecendo com o paciente pode gerar dúvidas. O psicólogo acaba fazendo o papel de tradutor, auxiliando a família a entender o que é o *delirium* a partir de uma linguagem mais acessível e, com isso, favorecendo o fluxo de informação com a equipe e o contato com o paciente.

Além dessa orientação, pode-se pensar que o trabalho do psicólogo junto a esses familiares tem como focos principais a escuta e o acolhimento das angústias suscitadas pelo quadro confusional do paciente, o incentivo a comunicação com a equipe e finalmente, mas não menos importante, a orientação do manejo com o paciente, auxiliando a família a se prover de recursos frente ao desconhecido e imprevisível. Como lidar com um sujeito que parece estar em uma realidade distinta da que as outras pessoas ao redor se encontram? Deve-se viver essa realidade com ele ou deve-se negá-la?

Não existe uma resposta certa para essas perguntas, pois cada paciente é único e o manejo com ele deve ser avaliado a partir do que aparece em seu discurso ou em seu silêncio. O que se pode afirmar, no entanto, é que para lidar com esses pacientes deve-se compreender que o mesmo está em sofrimento e vive uma realidade distinta dos outros, mas não menos real.

Possibilidades de atuação com o paciente e a importância do vínculo

Após contextualizarmos o conceito de *delirium* e a atuação do psicólogo com a família e equipe, destacaremos por meio de recortes de casos clínicos as possibilidades de atuação com o paciente e/ou família, quando esta é nosso paciente, e a importância do vínculo e confiança nesse processo.

Considerando que o vínculo é aquilo que liga ou estabelece uma relação, fica fácil pensar na importância do mesmo em momentos de grande incerteza vividos pelos pacientes, uma vez que o pensamento tende a ficar comprometido, abrindo espaço para manifestações de delírios, alucinações e ilusões, e comprometendo a memória e a coerência do discurso.

A prática clínica nos coloca diante de inúmeros casos em que o pensamento persecutório invade a realidade do paciente e o mesmo acaba apresentando dificuldades com a aceitação do tratamento. Diante disso, é importante refletir sobre as possibilidades de atuação do psicólogo hospitalar e destacamos que nesse sentido o alcance da psicologia em alguns casos vai muito além da identificação e orientação do quadro, tarefas, aliás, que podem ser desempenhadas também por outros componentes da equipe de saúde, como médicos e enfermeiros. O psicólogo, por sua vez, poderá ir além e utilizar sua ferramenta de trabalho mais valiosa, *a escuta*, para possibilitar o estabelecimento de um vínculo de confiança com o paciente, mesmo quando ele está em *delirium*.

Colocar o paciente em *delirium* no lugar de um sujeito que sofre por seus pensamentos atormentadores nos parece o primeiro passo para o estabelecimento desse vínculo, ou seja, olhá-lo além da síndrome, compreendendo que nessa situação pouco nos interessa a fidedignidade do discurso, e sim o que ele é capaz de provocar. Aquela é a realidade do paciente naquele momento e é nela que podemos encontrar alternativas para ajudá-lo.

Então eu morri. Mas aí eu acordei e a realidade era outra.

Paciente F., 64 anos, estava internado na UTI após realização de cirurgia para retirada de vesícula.

O atendimento psicológico foi solicitado pela equipe e pelo próprio paciente após o mesmo se mostrar hipoativo e confuso. No primeiro contato, o paciente explicou o motivo de ter me chamado, dizendo-se angustiado com as vivências na UTI. *"Te chamei porque preciso confirmar algumas coisas. É possível alucinar acordado? É que, por exemplo, isso aqui eu achei que fosse de chamar a enfermagem, mas é um dreno de verdade. Eu não sei qual é a realidade"*. F. me conta, então, que teve três sonhos desde que chegou ao hospital, porém ao longo da conversa percebo que ele se mostra confuso acerca da percepção do que é sonho e do que é realidade e que isso o deixa emocionalmente abalado. Segundo o paciente, nesses "sonhos" o hospital era, na verdade, um lugar que traficava órgãos, controlado por mafiosos e que durante sua estadia nesse lugar, ele havia sido morto. *"Eu não entendia, mas aí eu entreguei, já que era para ser assim. Então eu morri. Mas aí eu acordei e a realidade era outra, era outro lugar. Sabe quando parece um sonho dentro de um sonho?"*.

Nesse primeiro momento do atendimento, o paciente estava muito angustiado, pois percebia que transitava entre as realidades. Em determinado momento ele pegou a minha mão, segurou firme e perguntou se era real. *"Acho que estou ficando louco. Você pode chamar um psiquiatra? Preciso de um remédio. Eu não sei se isso é real"*. Tentei trazer alguns dados concretos da realidade, pois sentia que ele precisava de informações que o tirassem da dúvida e que lhe dessem algumas confirmações, porém F. continuou oscilando. *"Eu não sei se eu morri. Não sei se voltei da cirurgia. Porque eu to sentindo a mesma dor. Eles falaram que eu fiz a cirurgia, então vou acreditar, né?"*. F. começou, então, a apresentar um comportamento paranoico em relação à hospitalização e à equipe, questionando os procedimentos, a ausência de médicos, a demora da fisioterapeuta e, principalmente, o fato de não ter nenhum paciente perto dele, o que de fato não havia. *"Estou sozinho aqui, tá vendo?"*. Senti que ele estava testando a realidade e, como consequência, me testando. *"Você fica aqui, porque eu tenho medo de você não voltar"*.

F. permaneceu nesse lugar vacilante entre o "sonho" e a "realidade" durante um tempo, até que pareceu sucumbir à dúvida e se entregar ao que, naquele momento, parecia mais real para ele. *"Na verdade, eu acho que morri. Foi isso.*

E agora eu preciso descansar, é minha hora. Depois você vai lá no leito 19 e pergunta se eles conheceram um paciente japonês que passou por lá". Percebi que não adiantaria, nesse estado, tentar trazer os tais dados da realidade para o paciente, pois sua realidade era bem distinta dessa à qual eu me referia, mas não menos real para ele. O que fiz foi acolher sua angústia e aliviá-la da maneira que era possível, o que, nesse caso, significava reconhecer que para ele isso era verdade e lhe trazia sofrimento.

Finalizei o atendimento e um pouco antes de sair da UTI fui chamada pelo técnico de enfermagem que cuidava do paciente dizendo que eu havia esquecido minha agenda junto ao leito, mas que o paciente não deixou ninguém encostar nela, a não ser eu mesma. Retornei ao seu leito, e, ao me ver, F. me chamou e disse, em tom confidencial, que precisava que eu fizesse uma coisa para ele. *"Preciso que ligue para a minha esposa e diga que conversou comigo e que conheceu minha história".* Fez-me abrir a agenda no dia e escrever o nome e o telefone da esposa. *"Escreve aí que no dia 24 de junho você conversou com um defunto".* Escrevi esses dados na agenda e me comprometi a falar com sua esposa, o que suscitou um alívio imediato de sua angústia.

Esse caso é ilustrativo de como o vínculo criado junto ao paciente durante os episódios de *delirium* pode auxiliar na diminuição do seu sofrimento psíquico e, consequentemente, favorecer sua recuperação. O trato com o paciente, nesse caso, se deu a partir da minha entrada na sua realidade, não com o intuito de fortalecê-la, mas de reconhecê-la enquanto causadora de dor e angústia, trabalhando o manejo a partir do que era trazido por ele.

No segundo atendimento, ainda na UTI, F. já havia saído do quadro de *delirium*, porém mostrava-se ciente do que havia vivido. *"Quando a gente conversou eu estava com confusão mental. Eu nunca pensei que isso pudesse acontecer."* Contou-me que essa confusão passou de repente, quando acordou e sabia onde estava. *"Foi um alívio muito grande."* F. retomou os "sonhos" dizendo que eu havia feito parte deles. *"Você estava no meu sonho. É, era só você. Você me ajudou muito porque era a única pessoa que eu podia contar a minha história. A gente até chorou junto, porque eu lembrei que não ia mais ver a família, o neto que ainda está por vir. Não sei se aconteceu, se a gente conversou e eu te contei a minha história."* Confirmei que ele havia me contado sim a sua história, porém independentemente de esse episódio ter de fato acontecido, o importante é que

CAPÍTULO 8 91

naquele momento um vínculo foi estabelecido entre um indivíduo em sofrimento e outro que o escutava e caminhava com ele por essas vias desconhecidas, diminuindo seu desamparo e, não menos importante, trabalhando sua angústia de morte ao garantir para ele que sua existência não seria esquecida.

O meu pai não vai ficar falando assim, né?

Internado na UTI após uma cirurgia de revascularização do miocárdio, o sr. J, oriental de 80 anos, manifestou o quadro de *delirium* hiperativo durante três dias após o procedimento. Recusava-se a tomar medicações, inclusive a medicação para o *delirium*, apresentava dificuldade para se alimentar e verbalizava angustiado pensamentos persecutórios com a equipe, que justificavam também suas recusas.

A família já havia sido orientada sobre o quadro e liberada para permanecer parte do tempo na unidade, onde poderia auxiliar na aceitação dos procedimentos necessários, e foi nesse contexto que conheci S., uma de suas filhas. Durante a visita multiprofissional a observei ansiosa e angustiada, e ao me aproximar identifico diferentes fantasias presentes sobre o quadro apresentado. S. questiona o motivo disso estar acontecendo e se vai passar, se podemos sedá-lo quando estiver muito agitado e se a contenção mecânica não vai machucá-lo ou deixá-lo mais agressivo. Além disso, enfatiza angustiada que o pai tem dito coisas horríveis e questiona se isso é normal. *"O meu pai é um oriental muito tímido e educado, jamais falaria as coisas que está falando. Ele tem falado palavrão e está achando que querem prejudicá-lo aqui, às vezes nem em nós ele confia. O meu pai não vai ficar falando assim, né?!"* A filha relata também que o pai fala português, mas que desde que ficou confuso só tem falado japonês e por isso ninguém está tão assustado com o que ele diz, pois a equipe não entende.

Retomo as orientações sobre o quadro, sanando as dúvidas que ainda transitavam por ali, mas também abrindo espaço para que a filha pudesse falar do estranhamento ao ver o pai daquele jeito, do medo de que não retornasse a ser como antes e do inesperado que vivenciava, pois não imaginava que isso poderia acontecer após a cirurgia.

Outro ponto abordado com a família e que comumente é uma questão para os que estão próximos de pacientes com quadros de *delirium* é o manejo. *"Nós não temos desmentido nada, mas estamos tentando fazê-lo confiar em nós para aceitar a tomar os remédios, daí dizemos que trouxemos o remédio de casa e assim ele toma."* Esse certamente me parecia um bom caminho trilhado pela filha, uma vez que um ponto importante a ser conquistado é a confiança do paciente quando o mesmo vivenciava um quadro de *delirium* persecutório, negar o que ele diz ou tentar convencê-lo do contrário poderia afastá-lo ainda mais.

À medida que a família era orientada, mas também ouvida sobre suas fantasias e expectativas, conseguia manter-se na unidade como um apoio aos cuidados, de modo seguro, reconhecendo o fenômeno presente e compreendendo sua transitoriedade, usando até mesmo o senso de humor para lidar com a angústia de não reconhecer o pai nas falas emitidas pelo mesmo.

Nesse fragmento de caso, podemos compreender a família como nosso paciente e também como via de acesso para chegarmos ao mesmo, que mostrava-se altamente persecutório com a equipe e também impunha a barreira do idioma.

Eu tive um sonho, vou te contar...

Paciente P., 70 anos, se encontrava no pós-operatório de troca valvar (tipo de cirurgia cardíaca). Ao abordá-lo no quarto, após um período na UTI, percebi o paciente entristecido e cabisbaixo, bem diferente de como estava antes da cirurgia. Após um momento de hesitação, P. me contou da sua experiência na UTI, evidenciando a ocorrência de quadro de *delirium*. *"Para os médicos foi tudo bem, para mim não, foi difícil. Eu tive uns sonhos estranhos na UTI nos quais bandidos queriam me pegar. Eu não sei se foi um sonho, se foi o remédio, o que foi, mas eu achava que os de branco eram do mal e estavam colocando um remédio em mim que ia me matar. Eu sentia meu coração batendo fraquinho e uma sensação de morte muito real. Eu sabia que ia morrer e não tinha ninguém para me ajudar, para me falar o que estava acontecendo, estava sozinho e morrendo, foi muito real. Eu perguntava da minha esposa e filho e me falavam que eles já eram. Eu não tinha mais ninguém, tinha acabado tudo, foi horrível, senti o meu coração pequenininho. Não desejo isso para ninguém. Meu outro filho que foi me ver tava de branco, porque é médico, e me falou que minha esposa já estava vindo. Eu não acreditei porque ela já era. Quando ela chegou foi muito difícil, não entendia mais nada, era confuso."*

Não é raro que após o quadro de *delirium* passar, o paciente se lembre de tudo o que sentiu e pensou o que pode causar angústia, uma vez que tal vivência perde o sentido e o que fica são apenas interrogações. Após sair desse quadro, P. começou a se sentir envergonhado e com receio de estar ficando louco, porém, ao se permitir contar essa história, ele estava, na realidade, pedindo ajuda para organizar o caos que havia se instaurado dentro dele.

Nesse caso, o que fiz foi orientar o paciente a respeito do que é o *delirium* e o que pode provocá-lo, colocando, assim, essa vivência caótica dentro de um quadro de normalidade a partir das circunstâncias. Além de orientá-lo, validei tanto o seu sofrimento após o *delirium*, quanto o seu sofrimento durante o *delirium*, reconhecendo que naquele momento o que ele viveu era real para ele. Isso só foi possível, pois o paciente se dispôs a falar e havia alguém disposto a ouvir.

Após esse atendimento, estive com P. mais duas vezes e pude perceber o quão importante havia sido ele ter conseguido expressar suas angústias em um espaço que estava preparado para recebê-las e para lidar com elas. *"Quando fiquei sabendo que era normal, deu um grande alívio. Mas ainda sinto angústia. Só contei para você e para a minha esposa, porque não estava aguentando. O que me incomodou mesmo foi ninguém ter ido me explicar o que estava acontecendo. Eles poderiam ter me contado porque estavam me amarrando. Eu entendi que era porque eu tava agitado, mas podiam ter me explicado."* Essa fala ilustra a importância de se ter uma equipe preparada para lidar com esses pacientes, visto que uma simples explicação do que estava acontecendo poderia ter tido, para P, um efeito apaziguador.

Nesse caso, o acompanhamento psicológico não se deu no momento da crise, mas após a vivência. Esse fato, no entanto, não impediu que um vínculo fosse criado e que tal vínculo possibilitasse ao paciente ressignificar sua experiência de modo a torná-la mais tolerável e menos angustiante. Os efeitos psíquicos do quadro de *delirium* em P. foram marcantes, mas poderiam ter sido mais danosos e com consequências emocionais importantes se ele voltasse para casa sem ter trabalhado suas fantasias. *"Provavelmente a gente nunca mais vai se ver, mas tem conversas que a gente não esquece, como a que tive aqui e que me ajudou. Pode ter certeza que vou lembrar dela em alguns momentos da minha vida."*

Pode ser por *e-mail*?

Paciente M., 83 anos, diagnosticado com doença de Parkinson, se encontrava na UTI, no pós-operatório de troca valvar. Apresentava quadro de *delirium* hiperativo há vários dias, dificultando o tratamento e o contato com a equipe e os familiares. Quando fui abordá-lo, M. se encontrava muito agitado e desorientado no tempo e no espaço. Não entendia o porquê de estar contido e tinha urgência em sair, pois havia muito trabalho a fazer, o que o deixava preocupado.

Em um primeiro momento, M. se mostrou irritado com a minha presença, pois eu era mais uma pessoa que não o compreendia. Percebi, então, que precisava entender qual era sua necessidade e atuar a partir dessa percepção. Perguntei o que estava acontecendo e M. me contou que tinha muito trabalho a fazer e que não poderia ficar ali sem fazer nada, que tinha que entregar um relatório e fazer compras para a obra. Perguntei se ele não poderia fazer isso amanhã, já que era noite e provavelmente os lugares estariam fechados, porém M. se recusou, dizendo que era urgente e que precisaria ser feito agora. Ficou bastante agitado e tentou se levantar. Perguntei a ele se este relatório não poderia ser enviado por *e-mail* e que eu poderia fazer isso para ele. *"Por e-mail? É, por e-mail dá, pode ser por e-mail. Você manda então por e-mail hoje e amanhã eu faço as compras. Puxa, que alívio, você me ajudou muito."*

Nesse caso, o vínculo se estabeleceu no momento em que eu escutei o que o afligia e atuei a partir do discurso do paciente, sendo esse um recurso fundamental para trabalhar a angústia do mesmo e favorecer o seu tratamento e recuperação. Ao perceber que havia sido compreendido e que o seu problema estava resolvido, M. se tranquilizou e parou de tentar levantar, me explicando que agora precisava descansar. Essa intervenção acabou por favorecer tanto o paciente, visto que sua ansiedade desapareceu, quanto à equipe, uma vez que esses profissionais encontravam dificuldade de manter o paciente em repouso e de lidar com sua agitação.

Nessa mesma internação eu acompanhei a esposa de M, uma senhora idosa que se encontrava muito angustiada com os quadros confusionais do marido. A esposa, R., não conseguia entender a súbita mudança de comportamento do marido, que passou a agredi-la verbalmente e a apresentar um discurso desconexo. R. estava muito magoada com o paciente, pois segundo ela, M. a culpava de todo o mal e sofrimento que ele estava enfrentando, além de usar palavras ofensivas ao se dirigir a ela.

Procurei orientá-la quanto ao quadro de *delirium*, tentando ajudá-la a se separar do discurso do marido, porém essa intervenção não surtiu efeito, pois por mais que racionalmente a esposa entendesse que aquela situação era anormal, as palavras do marido a feriram e colocaram em questão a relação de uma vida inteira.

Percebi que o que estava em jogo no sofrimento de R. era a proximidade do fim, tanto da vida do marido, quanto da vida que ela tinha como referência. Ao olhar o marido e não reconhecê-lo, M. vislumbrou o que poderia ser a vida sem ele e percebeu que esta realidade pode estar mais próxima do que ela gostaria de imaginar, seja pela idade avançada dos dois, seja pelo delicado quadro de saúde do marido. Nesse caso, não se tratava de simplesmente orientar a esposa a respeito do que é e do que provoca o *delirium*, mas de compreender o que estava por trás do seu discurso desesperado. Afinal, do que ela realmente tinha medo?

Considerações finais

Por tratar-se de um quadro com alta incidência em UTI e relacionado com maior morbidade e mortalidade, é fundamental que os serviços de saúde se empenhem em seu diagnóstico e tratamento.

A vivência de um quadro de *delirium* afeta tanto o paciente quanto a equipe e os familiares e o manejo desse quadro é complexo e desafiador para todos os envolvidos. Esse é, portanto, um campo rico para a atuação do psicólogo hospitalar, pois é o único profissional qualificado para lidar com o sofrimento decorrente do caos trazido por tal vivência.

Apesar de ter um papel importante no contato com a família e a equipe nesses casos, é com o paciente que talvez o psicólogo possa fazer a maior diferença. Toda a equipe de saúde acaba por ouvir as angústias e medos do paciente, porém é o psicólogo que tem o olhar e atenção na escuta, desfazendo-se apenas da preocupação com o quadro orgânico[11].

Essa escuta diferenciada favorece o estabelecimento de um vínculo entre o paciente e o psicólogo, o que possibilita a atuação do mesmo a partir do discurso ou do silêncio do paciente. Isso acontece porque o psicólogo coloca o paciente em *delirium* em cena, como alguém que sofre e que tem o que dizer sobre esse sofrimento. Enquanto os outros membros da equipe atuam para aliviar os sintomas físicos, o psicólogo enxerga o paciente como um todo, podendo atuar nas consequências emocionais que essa vivência tem para aquele sujeito.

REFERÊNCIAS BIBLIOGRÁFICAS

1. Faria RSB, Moreno RP. Delirium na unidade de cuidados intensivos: uma realidade subdiagnosticada. Rev. bras. ter. intensiva[online]. 2013, vol.25, n.2 [cited 2014-12-15], pp. 137-147.

2. Mori S. et al. Confusion assessment method para analisar delirium em unidade de terapia intensiva. Revisão de literatura. Rev Bras Ter Intensiva. 2009;21(1):58-64.

3. Pessoa RF, Nacul FE. Delirium em pacientes críticos. Rev. bras. ter. intensiva [online]. 2006, vol.18, n.2 [cited 2014-12-15], pp. 190-195.

4. Pitrowsky MT et al. Importância da monitorização do delirium na unidade de terapia intensiva. Rev. bras. ter. intensiva [online]. 2010, vol.22, n.3 [cited 2014-12-15], pp. 274-279.

5. Sadock BJ, Sadock VA. Compêndio de Psiquiatria: ciências do comportamento e psiquiatria clínica. 9ed.Porto Alegre: Artmed, 2007.

6. Salluh JIF, Pandharipande P. Prevenção do delirium em pacientes críticos: um recomeço? Rev Bras Ter Intensiva. 2012;24(1):1-3.

7. Sousa-Muñoz RL et al. Prevalência e fatores associados com ocorrência de delirium em adultos e idosos internados. Rev Bras Clin Med. São Paulo, 2012 jul-ago;10(4):285-90.

8. Classificação de Transtornos Mentais e de Comportamento CID-10: Descrições Clínicas e Diretrizes diagnósticas – Coord. Organiz. Mundial da Saúde; trad. Dorgival Caetano – Porto Alegre: Artmed, 1993.

9. Aguiar RW. Intervenções em crise. In: Cordioli AV. Psicoterapias: abordagens atuais. 2ª ed. Porto Alegre: Artes Médicas. 1998;153-158.

10. Sebastiani RW. Atendimento psicológico no Centro de Terapia Intensiva. In: Trucharte, F. A. R. Psicologia Hospitalar: teoria e prática. Angerami-Camon (org). 2ª ed revista e ampliada. São Paulo. Cengage Learning: 2013;21-64.

11. Saldanha SV, Rosa AB, Cruz LR. O Psicólogo Clínico e a equipe multidisciplinar no Hospital Santa Cruz. Rev. SBPH [periódico na Internet]. 2013 Jun [citado 2015 Jan 10]; 16(1): 185-198. Disponível em http://pepsic.bvsalud.org/scielo.php?script=sci_arttext&pid=S1516-08582013000100011&lng=pt.

Capítulo **9**

Laços no Desenlace ou Desenlace dos Laços? Refletindo sobre Família, Luto e UTI

Juliana dos Santos Batista

"...Devagar, bem devagar, muito mais devagar do que
o mundo lá fora nos exige, o vazio vai virando uma outra coisa.
Uma que nos permite viver.
Descobrimos que nossos mortos nos habitam, fazem parte de
nós,
correm em nossas veias fundidos as hemácias e os leucócitos.
Que suas histórias estão misturadas com as nossas,
que seus desejos se deixaram em nós.
Que, de certo modo, somos muita gente, multidão.
Como também nós seremos muita gente, deixando, em cada
um, ecos de diferentes decibéis e intensidades.
Acolhemos então aquele que nos falta
de uma forma que nunca mais nos deixará.
Como saudade. E como saudade não poderá mais partir..."
(Eliane Brum)

A morte continua sendo um assunto caro e espinhoso, ao mesmo tempo em que o espaço para se falar dela vai se ampliando em diferentes realidades e contextos, por outro lado ela ainda é aquele assunto falado baixinho, escondido e com pressa. A irrepresentabilidade da morte[1] parece sempre forçar-nos a dar um passo para trás, a recuar quando o que se anuncia ali na frente vem batizado de fim.

O hospital é um lugar bastante característico da batalha do ser humano de fugir do inevitável, uma vez que tem em si as marcas da própria ambiguidade, ou seja, o lugar com mais potencial para salvar vidas é inevitavelmente onde muitas pessoas morrem.

Especificamente, a UTI (unidade de terapia intensiva) destaca esse jogo de expectativas e realidade. A UTI, unidade de monitoramento contínuo dos pacientes, é destinada ao tratamento de doentes graves e potencialmente recuperáveis. Conta com um espaço físico peculiar, onde estão presentes características, como iluminação artificial, manipulação constante, perda de privacidade, privação do sono, restrição de visita e o risco iminente de morte, todos, fatores precipitantes de problemas psicológicos e psiquiátricos[2].

Trata-se de um lugar de urgências e intensidades e as reações manifestadas por pacientes e familiares nesse espaço também o são. Familiares reagem fora da unidade de acordo com o que está acontecendo com o paciente dentro dela, uma vez que a rotina inteira muda, o distanciamento do outro ocorre e é causador de inúmeras repercussões emocionais, bem como a fantasia inicial de que a UTI é a antessala da morte.

A UTI é o lugar onde os avanços médicos e tecnológicos apontam para todas as potencialidades humanas de lutar pela da vida; entretanto, a iminência constante de morte escancara a tão negada incompletude e limitação[3].

Além disso, a área marcada pela intensidade e imprevisibilidade acompanha a fragilidade física e psíquica do paciente, é facilitadora de processos regressivos, proporciona a separação familiar, as invasões no corpo, os questionamentos sobre a própria identidade e reflete um cenário de perdas e descontinuidades, que são sentidas não apenas pelo paciente, mas também por sua família. Além de perdas funcionais que podem acometer o sujeito, há perdas relacionadas ao papel no núcleo familiar, assim, de algum modo e a depender do tempo e recursos para lidar com esse período frágil, estamos diante de sujeitos que, temporariamente ou não, perdem parte de si.

Ainda vivemos no período nomeado de morte invertida[4], aquela que acontece nos hospitais, cercada pelo imediatismo, com medo do sofrimento e a tentativa de poupar o sofrimento do outro a todo custo, em que a morte aceitável é a que se tolera e as emoções fortes são evitadas, em que a verdade sobre a possibilidade de morte começa a ser um problema, na medida em que os conflitos familiares sobre o diagnóstico são cada vez mais presentes, a morte como objeto de interdição, em que o luto e os rituais seguem em busca de uma morada.

A morte coexiste com a vida, incutindo medo, mas também sendo musa inspiradora de filósofos, poetas e psicólogos. Por ser terrificante, geralmente

LAÇOS NO DESENLACE OU DESENLACE DOS LAÇOS? REFLETINDO SOBRE FAMÍLIA, LUTO E UTI

se indica a morte por meio de eufemismos: "fim", "passagem", "encontro", "destruição", pois as palavras não conseguem expressar o que é imaginado. Ao mesmo tempo em que é fascinante, vem acompanhada do medo, da repugnância ao cadáver e da interdição do olhar[5].

O que não pode ser visto é a morte e os adereços que ela carrega consigo, os resquícios das perdas pelo adoecimento marcam o hospital e sobretudo a UTI, tornando imprescindível não somente *falar* sobre a morte e o luto, mas principalmente *ouvir* sobre a morte e o luto.

O luto é um processo de reação frente a uma perda significativa formado por uma sucessão de quadros clínicos nos campos físicos, emocionais, cognitivos, sociais e espirituais, que se mesclam e se substituem[6]. É um processo psíquico a que o sujeito é convocado e que vai se atenuando progressivamente, auxiliando o investimento do enlutado em outros objetos[7].

Se a dor da perda é a dor do amor, o preço que se paga pelo compromisso[6], o eu, aos poucos desinveste da representação do amado, até que esta perca sua vivacidade e deixe de ser um corpo estranho, fonte de dor, ou seja, desinvestir a representação significa tirar o excesso de afeto, reposicioná-lo entre outras representações e investir de outro modo[8].

Durante o processo de luto, o sujeito terá a possibilidade de se adaptar a nova realidade, e a retirada da libido não se trata da pessoa perdida, mas da representação da sua imagem no inconsciente[8]. Esse duelo com a perda tende a evoluir para a aceitação da realidade presente, porém é importante salientar que há casos em que o luto percorre caminhos mais ásperos e pode transformar-se em luto complicado, no qual as características inerentes a esse processo são mais intensas e duradouras.

Como ocorre um desequilíbrio entre o ajustamento necessário e os recursos disponíveis, o luto pode ser considerado uma crise[9]. Além disso, tanto o luto como a internação em UTI podem exprimir um caráter traumático, um furo associado à ferida narcísica, em que há incapacidade de o sujeito de reagir de modo adequado, por um desgastante trabalho psíquico. Em termos econômicos, há um afluxo de excitações que é excessivo em relação à tolerância do sujeito e à sua capacidade para elaborá-las[10].

Assim, discorro a seguir sobre a prática psicológica hospitalar, abalizando as peculiaridades do acompanhamento familiar logo após a morte do paciente

CAPÍTULO 9   101

e a continuidade do olhar do terapeuta para quem fica, refletindo sobre a possibilidade de identificação de fatores de risco para luto complicado e limitações institucionais ao cuidado do enlutado.

Acompanhamento familiar após a morte: o psicólogo e a escuta do indizível

"Um infinito precipitar-se em um infinito precipício"
(Taralli,1997)

Pode-se pensar que a morte em UTI acontecerá de dois modos, a saber, a morte anunciada e a morte inesperada. Na morte anunciada, na qual se sabe de sua inevitabilidade e há um tempo maior na unidade, alguns pontos facilitadores podem estar presentes, como a aproximação familiar da ideia de morte, o que pode favorecer o luto antecipatório, a identificação de fatores de risco para luto complicado, possibilidade de rituais de despedida, de cuidados paliativos, da liberação de visitas de crianças quando há demanda e condições para tal e uma maior vinculação com a equipe cuidadora.

Na morte inesperada, o oponente é o próprio tempo, uma vez que não se espera também não se pode minimamente preparar-se para o que está por vir. A possibilidade de luto antecipatório se distancia, o acesso à identificação de fatores de risco se restringe, o vínculo familiar com a equipe de saúde se limita, não há tempo para rituais de despedida e nem sempre é possível uma maior aproximação familiar. Aqui, o psicólogo atuará na maioria das vezes no momento da crise posterior à notícia de óbito.

Alguns pontos devem ser considerados na assistência psicológica familiar na UTI: a dificuldade com a separação física do paciente, uma vez que na realidade brasileira ainda são poucas as instituições com acompanhante 24 horas, e impõe ao familiar a necessidade de crer no que não vê; os medos e as fantasias relacionados à unidade, ao tratamento e à evolução do paciente; os possíveis ruídos na comunicação com a equipe; a reedição de conflitos preexistentes e o ajustamento entre o desejo da família e o desejo do paciente.

É importante compreender como a família lida com o adoecimento e morte, se há espaço para expressão de sentimentos e pensamentos entre seus membros, se os familiares tendem a se isolar na tentativa de proteger uns aos outros, se conseguem construir uma nova identidade familiar que possibilite a vivência do momento atual. O modo como a família vivenciou perdas anteriores também é um ponto importante para compreender como encaram a morte[11], assim como a espiritualidade e as crenças religiosas.

A prática clínica no hospital marca dois períodos importantes no acompanhamento familiar no momento imediato após a morte na UTI. Em diversos casos, a psicologia está presente no início, quando *a notícia* é dada pelo médico, mas também no momento de *encontro com o corpo*, quando a família tem a oportunidade de fazer a visita na sala de transferência, local onde fica o corpo após sair da UTI e enquanto o serviço funerário não o transporta.

O modo como a família enfrentará esses dois momentos dependerá de diversos fatores, desde os pessoais até a forma da morte, se anunciada ou inesperada, porém é comum observar que mesmo aqueles familiares que tiveram tempo e condições internas para lidar com as perdas anteriores à morte, como uma ponte para sua concretização, estão expostos a todos os tipos de reações emocionais diante da notícia. O momento em que a realidade se sobrepõe, é sempre difícil. Se Freud nos coloca diante do fato de que, inconscientemente, estamos convencidos de nossa imortalidade[1], receber a notícia da morte de quem se ama irá escancarar que o sujeito não está diante de uma miragem.

Os dois momentos são marcantes e o acompanhamento psicológico familiar pode ser um facilitador desse processo. A notícia da morte dada pelo médico poderá ativar as manifestações iniciais do luto, dentre elas, a incredulidade. Entre o que houve e o que se vê há uma lacuna incerta e por isso é muito comum o pedido *"posso ver?"* logo após a notícia médica. Pode-se pensar que o encontro com o corpo desfalecido marca o real, e muitas vezes é necessário para a elaboração psíquica. Assim, *"posso ver?"* denuncia o pedido de autorização para ver o corpo, mas também um questionamento do sujeito sobre sua capacidade de suportar o que ainda não consegue nomear.

Assim, o psicólogo sustenta esse questionamento de duas vias, a ele direcionado, uma vez que o familiar supõe que ele sabe se é possível ver o corpo na UTI ou em outro local, como supõe que o psicólogo sabe se é possível dar conta do olhar. Mesmo que queira muito, ver o paciente pode ser angustiante e ameaçador, o que reforça a importância da transmissão de segurança pelo profissional, que atua como *sujeito suposto saber*, ou seja, sabe que não sabe, mas sustenta esse lugar de saber para que o outro descubra sobre si mesmo.

O acompanhamento do familiar para ver o corpo pode vir junto com pedidos para erguer o lençol, de perguntas sobre o estado do corpo e de inquietações fundadas no receio de se aproximar, em que muitas vezes o familiar pede a anuência do psicólogo para tocar e sentir o corpo sem vida, mas repleto de representações, onde habita simbolicamente parte de si mesmo, de sua identidade.

É nessa sala fria onde se alojam os corpos, que muitas vezes os familiares necessitam de mais ajuda, pois se para alguns é muito tranquilo lidar com esse encontro e conseguem fazê-lo um ritual de despedida, com confidências e questionamentos direcionados para o ente querido, para outros é um verdadeiro desafio a ser vencido. Nesse sentido, muitas vezes familiares passam mal ou não conseguem se aproximar.

Quanto mais prolongado o processo de adoecimento e morte, maiores as dificuldades dos familiares para manter relacionamentos francos, o que propicia o surgimento de sintomas físicos e psíquicos[10]. Portanto, no período de hospitalização que antecede a morte ou logo após sua ocorrência o acompanhamento psicológico auxiliará as famílias a identificarem suas dificuldades, preocupações e formas de enfrentamento. Indo na contramão da normatização do luto, presente fortemente na sociedade contemporânea, que engessa os processos e desconsidera a particularidades dos sujeitos e dos grupos familiares.

Continuidade do olhar a quem fica: identificação de fatores de risco para luto complicado

"Daqui deste momento, do meu olhar pra fora o mundo é só miragem

A sombra do futuro, a sobra do passado... Assombram a paisagem

Quem vai virar o jogo e transformar a perda, em nossa recompensa...?

Quando eu olhar para o lado eu quero estar cercado só de quem me interessa"

(Lenine)

Antes de caracterizar os tipos de luto complicado, é importante compreender quais os fatores de risco e proteção envolvidos. Diversos autores[12,13] relatam fatores de proteção e de risco na elaboração do luto e desenvolvimento do luto complicado, a saber:

Fatores de proteção: estrutura familiar flexível, que permita reajuste de papéis, boa comunicação com a equipe de saúde, conhecimento dos sintomas e ciclo da doença, sistemas de apoio informal e formal existentes.

Fatores de risco: crises familiares conjuntas com a doença, dificuldades na comunicação com a equipe, doenças estigmatizantes, tipo de morte (se súbita, violenta ou precoce), suicídio, morte de filhos, perdas ambíguas, perdas múltiplas, falta de suporte social e econômico, padrões familiares disfuncionais, famílias cercadas por segredos, mitos e tabus, lutos anteriores não elaborados, mortes que se podem prevenir ou evitar, relação agressiva, ambivalente ou de dependência com o morto e antecedentes de problemas psiquiátricos.

A religião pode atuar como fator de proteção ou de risco, caso seja vivida de forma extrema e que impossibilite o contato com as emoções. Além disso, incluo a morte na UTI, que também pode atuar como risco, caso a permanência na unidade seja vivenciada de modo muito estressante ou como proteção, pensando em famílias com maiores dificuldades em assumir os cuidados de maneira mais próxima ou aquelas que não conseguem se imaginar presentes na hora da morte, em um quarto de internação ou em casa.

O processo de luto tende a ser elaborado quando o sujeito consegue transitar entre a perda e a restauração, ou seja, durante um período irá intercalar momentos em que estará mais voltado para as repercussões da perda, com outros em que será possível direcionar a atenção à reconstrução de sua vida sem o outro. O que ocorre no luto complicado é um déficit nessa transição necessária e o sujeito acaba permanecendo mais em alguns dos lados, ou na perda ou na restauração[14]. A partir daí, abre-se espaço para a vivência de processos mais dificultosos de luto, como, por exemplo, o luto crônico, adiado ou inibido.

Diante disso, cabe refletir sobre a possibilidade de identificação de fatores de risco para luto complicado no hospital e o que é possível fazer quando se reconhece tais fatores em familiares que, no momento do óbito, encerram também o seu vínculo com a instituição.

CAPÍTULO 9

105

Em primeiro lugar, cabe diferenciarmos que tal identificação acontecerá de modo mais claro e seguro, quando o psicólogo conseguir avaliar o familiar antes e não apenas no suporte pós-óbito. Portanto, internações rápidas, nas quais não é possível avaliar as particularidades do familiar diante da morte, como já descrito, reduzem e muitas vezes inviabilizam essa identificação.

Já em situações em que o psicólogo consegue acompanhar a família e auxiliá-la no manejo de situações de terminalidade, é possível detectar aqueles mais vulneráveis ao luto complicado, o que não significa que para essa população o luto será complicado de fato, mas o acesso dos profissionais a conteúdos internos e condições de enfrentamento o coloca diante dessa hipótese.

Algumas medidas são possíveis para profilaticamente lidar com esses desfechos. Em primeiro lugar, o próprio acompanhamento psicológico no hospital e logo após a morte tende a atuar como um facilitador, na medida em que deslocam o familiar para um cenário onde há suporte e validação de sua dor. Após o momento da notícia, é comum as famílias se verem perdidas sobre o que fazer, para onde ir, quem avisar primeiro e de que modo, e por estarem tomados pela crise, o cuidado, o acolhimento e a orientação mostram-se preciosos no encaminhamento de algumas questões. Nesse sentido, o psicólogo é o profissional habilitado a sustentar a escuta do indizível, o silêncio que ensurdece os enlutados, o olhar *aos laços no desenlace e ao desenlace dos laços.*

Minha prática clínica também tem possibilitado que, em casos específicos, seja feito um contato telefônico após um período, com o objetivo de investigar como determinado familiar está vivenciando esse processo. Na maior parte dos casos são familiares que vivenciaram momentos de muita dificuldade na UTI, onde diversos fatores de risco eram evidenciados e o vínculo estabelecido com o psicólogo facilita essa comunicação posterior. Assim, é possível realizar a sensibilização do familiar em busca de ajuda específica quando necessário.

Além disso, no âmbito institucional é possível realizar orientações aos familiares e também à equipe (que refletirá também no paciente e família) sobre o luto. O que é e que reações são comuns nesse processo, retirando os enlutados da zona de desconforto, onde muitas vezes se alojam, quando supõem que o que estão vivenciando não é normal.

Considerações finais

Atuar em uma clínica, onde as perdas são recorrentes e tortuosas, mostra o quanto esses períodos cercados pela possibilidade e efetivação da morte descortinam sujeitos vulneráveis e desamparados. A morte, um assunto ainda difícil, porém necessário, mostra-se nos corredores da UTI da sua forma mais crua, com o corpo sob cuidados, exposto aos olhos de todos.

A largada dos lutos familiares muitas vezes acontece nessa unidade e como tudo ali dentro, de modo intenso e imprevisível, fazendo com que o cuidado a essa população seja refletido e oferecido como prioridade também. O poeta sabiamente já dizia que fomos possuídos pela fantasia onipotente de nos livrarmos do toque da morte e com isso nos tornamos surdos às lições que ela pode nos oferecer[15]. Portanto, para concluir, penso que dentre as lições que ela pode nos oferecer estão às respostas para *"laços no desenlace ou desenlace dos laços?"*. Os dois. Pois a morte é capaz de romper laços, mas também exerce o poder de criá-los, o que sempre acontece quando há alguém para dizer e outro para escutar.

REFERÊNCIAS BIBLIOGRÁFICAS

1. Freud S. Nossa atitude para com a morte: Reflexões sobre o tempo de Guerra e Morte. In: Obras Completas de Sigmund Freud. 1915;237p.

2. Zimmerman PR, Bertuol CS. O Paciente na UTI. In: Botega, N.J. (Org) Prática Psiquiátrica no Hospital Geral: Interconsulta e Emergência. Porto Alegre: Artmed, 2002.

3. Netto MVRF. O Analista na Unidade de Tratamento Intensivo: Um Retorno a Freud. Psicanálise & Barroco em revista. 2009;7(2):103-117.

4. Ariès P. História da morte no ocidente. Rio de Janeiro: Ediouro; 2003;312p.

5. Medeiros LA, Lustosa MA. A difícil tarefa de falar sobre morte no hospital. Rev. SBPH. 2011;14(2):203-227.

6. Parkes CM. Luto – Estudos sobre a perda na vida adulta. Trad. Maria Helena Bromberg. São Paulo: Summus, 1998;291p.

7. Freud S. Luto e Melancolia (1917). In: Obras Completas de Sigmund Freud. Rio de Janeiro: Imago, 1976.

8. Nasio J-D. O livro da dor e do amor. Rio de Janeiro: Jorge Zahar Ed; 1997;224p.

9. Bromberg MHPF.Vida e Morte: Laços da Existência. São Paulo: Casa do Psicólogo; 1996;122p.

10. Laplanche & Pontalis. Vocabulário de Psicanálise. São Paulo: Martins Fontes; 2008;574p.

11. Jaramillo IF. De cara a la muerte. Santafé de Bogota: Intermedio Editores; 1999.

12. Scarlatelli CCS, et al. Solidão e impotência do professional, do familiar e do paciente diante da morte. In: Franco MHP. (org). Nada sobre mim sem mim: Estudos sobre vida e morte. Campinas: Ed. Livro Pleno; 2005.

13. Walsh F, Mcgondrick M. Morte na família: sobrevivendo às perdas. Porto Alegre: Artes Médicas; 1998;315p.

14. Stroebe W, Stroebe M. Bereavement and health: the psychological and physical consequences of partner loss. Cambridge, Cambridge University, 1987 in: Bromberg MHPF, et al. Vida e Morte: Laços de Exstência.São Paulo: Casa do Psicólogo; 1996.

15. Alves R. A morte como conselheira. In: Cassorla, RMS (Coord). Da morte: Estudos Brasileiros. Campinas: Papirus; 1991.

Capítulo **10**

Pílulas Silenciadoras de Sujeitos: Reflexões Psicanalíticas sobre a Medicalização no Contexto Hospitalar

Juliana dos Santos Batista
Viviane dos Santos Gonçalves Ribeiro

"A violência da calmaria, às vezes, é mais terrível do que a travessia das tempestades". (Roudinesco, 2000)

A ideia deste capítulo surge a partir de algumas inquietações suscitadas em nossa prática clínica no hospital, onde a medicalização está presente de diversas formas e levanta questões sobre sua inserção e acomodação na vida cotidiana, que precisam ser questionadas e refletidas.

O cenário hospitalar nos mostra duas perspectivas recorrentes, sendo uma, a de pacientes que já fazem uso de psicotrópicos antes da internação, por diversas causas, como, por exemplo, depressão, ansiedade e pânico, e outra, de pacientes que são medicados durante o período de hospitalização, por causas semelhantes aos do primeiro grupo, mas sempre com o adoecimento como pano de fundo dessas novas prescrições.

A medicalização da vida vem ganhando destaque em diferentes grupos de discussão e além da medicina, a psicologia, a bioética e a *psicanálise* também têm trazido a temática como ponto crucial dos modos de se pensar e se relacionar consigo e com o mundo na contemporaneidade. Sendo assim, cabe-nos pensar qual a relação que o sujeito estabelece atualmente com as medicações, bem como o que a psicanálise tem a dizer sobre esse jogo de poder cada vez mais intenso atribuído às pílulas.

As reflexões a seguir decorrem da indagação que perpassa o uso desenfreado e indiscriminado de medicações nos dias atuais. Longe de uma oposição ao tratamento medicamentoso ou aos avanços tecnológicos, que como sabemos tem sua inquestionável contribuição em várias situações, a ideia é que possamos direcionar o olhar aos *excessos* com que nos deparamos no dia a dia.

Cada vez mais a medicação tem angariado espaço diante de situações não condizentes com sua indicação, ou seja, a medicação vai sendo incluída não apenas diante da necessidade real, mas também diante do mal-estar existente e inerente à vida e às relações. Sentimentos e emoções comuns e esperados padecem da falta de espaço na vida dos sujeitos, onde parece haver um verdadeiro horror em relação ao vazio, que passa a ser ilusoriamente preenchido com a oferta de diversos confortos e satisfações.

O sujeito contemporâneo medicalizado tem sua singularidade aniquilada em prol de um único modo de existir, no qual toda experiência vivenciada é passível de cura ou correção. Assim, poupa o sujeito de se confrontar com suas frustrações, papel contrário ao da psicanálise, que tende a incomodar quando desafia a onipotência do sujeito, mostrando que ele pouco sabe sobre si[1].

No hospital não é diferente e por isso é tão comum o encontro com cenas em que os pacientes são medicados para amenizar as mazelas advindas da díade saúde-doença. Além da proposta de auxílio que a medicação oferece diante da ruptura que a hospitalização e adoecimento trazem na vida do sujeito, especificamente na realidade da clínica cardiológica, encontramos situações que nos obrigam a pensar em alguns pontos:

Sobre as particularidades encontradas no hospital cardiológico

As doenças que acometem os pacientes nessa clínica têm o coração exposto a uma dupla conotação; se por um lado, é o órgão anatômico que necessita de tratamento em sua musculatura, valvas, coronárias, ritmo e etc., por outro, é o órgão simbólico que denuncia a presença subjetiva atrelada a esse adoecimento. Então, de que coração estamos falando? Parece-nos que dos dois e por isso a inegável representatividade do subjetivo atrelado ao orgânico.

Sendo esse "duplo" coração vinculado às emoções, a prática clínica nos mostra a ideia que reside pelos corredores hospitalares de que as emoções devem ser poupadas a qualquer custo, os *excessos* parecem não cair bem ao paciente cardiopata. Estaríamos diante de uma ideia real ou fantasiosa? O que exatamente seria o controle das emoções? Ser poupado de notícias ruins? Evitar o choro? Não se preocupar demasiadamente, com o risco do coração não aguentar?

Comumente essas são associações feitas pelo sujeito, sua família e equipe, e em muitos casos o refúgio que "garante" esse apaziguamento pode ser identificado pelo paciente nos *comprimidos*, palavra essa que pode se referir em nossa reflexão aos dois significados encontrados no dicionário[2], ou seja, trata-se tanto de um substantivo masculino que significa substância medicamentosa, como de uma derivação do adjetivo *comprimir*, que significa sujeitar à compressão, reprimir, oprimir, refrear, reduzir-se.

A aproximação das medicações psicotrópicas com a clínica cardiológica está presente em estudos de patologias específicas evidenciados na literatura. Atualmente, a insuficiência cardíaca (IC) está muito associada à depressão, tendo diversos estudos científicos que sugerem a correlação entre essas patologias[3,4]. Acrescentam, ainda, a ocorrência de complicações clínicas que favorecem a evolução da IC, caso a depressão não seja diagnosticada e tratada adequadamente.

Entretanto, essa correlação pode antecipar a inclusão da medicação psicotrópica, uma vez que os sintomas de ambas são muito parecidos, dificultando a discriminação entre o físico e o psíquico, portanto, podendo influenciar o diagnóstico da depressão.

A perda da capacidade física do sujeito ao se confrontar com essa doença, as impossibilidades decorrentes dessa experiência e o receio que a equipe demonstra em relação à reação do paciente, muitas vezes, faz com que a equipe inclua em sua conduta a tentativa de amenizar os impactos psíquicos que esse problema poderá provocar.

A fala recorrente da equipe direcionada ao paciente e seus familiares, de que o coração está "apenas fraquinho", sugerindo que não se preocupem, assim como a inclusão da medicação, muitas vezes nesse primeiro momento do diagnóstico da IC antes da depressão, pode ser entendido como alternativa de minimizar as repercussões emocionais e também como dificuldade em se confrontar com a angústia do outro e suportá-la.

Esse movimento percebido na prática clínica traz à tona a ambivalência e dificuldade em lidar com a normalidade de que naquele corpo físico há um sujeito, compreendido por meio de sua subjetividade e que, assim, muito provavelmente e saudavelmente, precisará se entristecer, se irritar ou até mesmo se incomodar, para que, assim, consiga ressignificar esse acontecimento e reagir a ele.

Porém, diante do intenso medo dessa reação, muitas vezes a equipe atua, precocemente, inserindo à extensa lista dos comprimidos necessários para a doença, aquele que calará de certo modo o possível desconforto do sujeito. Outra associação importante e bastante estudada é a relação entre o estresse e a doença cardíaca. Sendo o estresse composto de repercussões físicas e emocionais, em que o sujeito muitas vezes poderá se confrontar com o seu próprio limite, mais uma vez a medicação pode estar presente como alternativa para retirá-lo dessa zona de risco.

Diferentes estudos apontam a depressão e o estresse como fatores de risco para doença cardiovascular[5], sendo possível fazer um paralelo com o olhar voltado às questões emocionais quando estamos diante do paciente cardiopata. Se estresse e depressão são sabidamente fatores de risco para o desenvolvimento ou agravamento de doenças cardiovasculares, estamos diante de situações que não são bem-vindas e precisam ser eliminadas. Mas de que modo?

Finalizando nossa exemplificação dessa problemática, trazemos a relação entre o luto e a doença cardíaca. Diversos estudos atualmente sinalizam sobre a possível relação entre a doença cardiológica e o luto por perdas significativas na vida[6]. Mais uma vez estamos diante de alguém fragilizado emocionalmente, que necessita de um olhar específico, porém diante da constatação médica de que esse fator de risco possa estar associado, é muito comum a via medicamentosa para tratar esse luto. Sendo fundamental *a priori* identificar se estamos diante um caso de luto complicado e assim traçar um planejamento terapêutico.

Todas as associações citadas são passíveis de tratamento medicamentoso, mas observamos, no entanto, situações nas quais a entrada das medicações acontece com poucos critérios, servindo para atenuar o humor deprimido ou a ansiedade claramente manifesta, ou seja, a inclusão baseada apenas nos fenômenos que nem sempre são observados e reavaliados *a posteriori*. O que também nos lembra de que a articulação com a própria psiquiatria em um local não destinado à saúde mental pode ser deficitária, em que o objetivo passa a ser apenas a indicação do melhor medicamento e não a busca pela compreensão do universo psíquico.

A recorrência da cena em que o sujeito já chega aos hospitais, como deve ser também em outros dispositivos de saúde, com o seu "diagnóstico" pronto, decorado e colado em si é fato que nos chama atenção. E, diante disso, diálogos como, "Por que você toma essa medicação? *Não sei* – Desde quando você toma essa medicação? *Há muitos anos* – O remédio te ajuda? *Às vezes acho que nem faz mais efeito como no começo, mas eu já tomo faz tempo, né?...* – Quem te deu o diagnóstico? *"Meu clínico" / "Meu geriatra" / "Meu cardiologista" /* e eventualmente... *"Meu psiquiatra"."* – Residem nas instituições nos mostrando certa apatia discursiva, não sabendo quando, por que e o que causa, sugerindo uma relação sem *ação* do sujeito. Um modo de enfrentamento em que não é necessário se haver com a angústia, sendo melhor deixá-la longe, localizada em um lugar aparentemente mais controlável, o corpo.

Nesse sentido, embora a doença seja individualizada no corpo e mais especificamente no cérebro daquele que apresenta o sintoma[7,8], ela não é singularizada, assumindo um caráter genérico e sendo categorizada como algo externo às manifestações subjetivas particulares, como se a angústia, por exemplo, fosse inevitavelmente uma força assoma a subjetividade, sem nenhuma chance de derivação, como se a única alternativa fosse erradicar a fonte biológica.

> "O que se observa é um sujeito não se implicando em nada, que imputa a razão causal de seus males a uma problemática cerebral. Ele irá carregar esse corpo estranho como um objeto interiorizado que irá polarizar todas as fantasias inconscientes demarcadas na história do sujeito[9]"

Diante disso parece-nos necessário o olhar atento às questões particulares descritas aqui, com o intuito de resgatar o campo subjetivo quando ele mostra-se naufragado nos excessos medicamentosos.

A relação com o paciente e o distanciamento da relação com o sujeito

A discussão sobre a medicalização passa necessariamente pela relação estabelecida entre equipe cuidadora e paciente, uma vez que as prescrições são médicas, cabe-nos refletir sobre essa relação tão importante para o tratamento do paciente, mas sem a pretensão de deixar de lado as demais relações não perpassadas pelas prescrições, mas com o foco de cuidado ao outro, ou seja, o médico, detentor de um saber específico, não é o único membro de uma equipe

Do Nascimento à Morte: Novos Caminhos na Prática da Psicologia Hospitalar

de saúde capaz de se envolver com a sedução proveniente dos efeitos das pílulas, mas é ele quem transformará em possibilidade real a sua administração.

Trata-se de uma relação cujos efeitos terapêuticos e adversos estão presentes, portanto parece-nos importante tomar cuidado para não se inclinar a explicar sentimentos, comportamentos e desconfortos físicos de modo reducionista, focando apenas no biológico e ignorando outros determinantes do processo de adoecimento. Um distanciamento na relação médico-paciente implica uma relação artificial, que coloca o paciente em uma posição de objeto e não de um sujeito ativo em uma relação[10].

> "Em lugar das paixões, a calmaria, em lugar do desejo, a ausência de desejo, em lugar do sujeito, o nada e em lugar da história, o fim da história. O moderno profissional de saúde – psicólogo, psiquiatra, enfermeiro ou médico – já não tem tempo para se ocupar da longa duração do psiquismo, seu tempo é contado[11]"

Sobre os efeitos adversos observamos com frequência a frase "você não tem nada" – referindo-se a uma demanda que seria de ordem emocional e não física – como uma agressão ao sujeito, na medida em que reduz a dimensão emocional ao nada, que não tem devida importância comparada ao campo físico, por outro lado não devemos esquecer o impacto sentido muitas vezes pelo paciente ao ter atribuído seu mal-estar exclusivamente ao universo psíquico. Nessas situações, a prática clínica também nos coloca de encontro com pacientes que se desesperam na busca da explicação biológica, aquela que pode ser mensurada, laudada e identificada em um exame, enxergando o adoecimento psíquico como o pior inimigo a ser vencido, aquele que nos ataca sem que possamos vê-lo.

Recorrendo a Lacan, entendemos que o discurso médico fala do mesmo lugar que o discurso do mestre, onde há intenção de domínio da clínica pela detenção do poder pelo saber que possui, paralelamente, esse modo de estar nas relações pode interferir na validação e percepção do outro. O médico, no lugar daquele que "tira a dor" com a prescrição de remédios, muitas vezes não inclui o sujeito que fala, mas somente aquele que se submete a ele, mantendo a ordem médica intacta.

A realidade é que as medicações não têm o poder absoluto de lidar com o mal-estar existencial do ser humano, portanto salvo determinadas situações,

114

Capítulo 10

poderíamos nos remeter ao dito popular de "dourar a pílula", que significa[12]: levar alguém, por **boas maneiras** ou *falsas razões* a suportar um incômodo ou desgosto. Sendo esses os dois modos de entrada das pílulas, pois não se trata somente de "falsas razões", conferindo-lhes o lugar de inutilidade ou engodo, nem tampouco apenas de "boas maneiras", sobretudo se pensarmos no posicionamento a partir do discurso alienante, no qual o subjetivo não entra, tornando o sujeito um mero depositário dos dispositivos da ciência, convocando-o a um lugar onde não se quer saber nada sobre si mesmo.

O sujeito na contemporaneidade – "Eu vou pagar a conta do analista pra nunca mais ter que saber quem eu sou"

Diversos autores concordam que a discussão sobre a medicalização tem as marcas de seu nascimento com o pensamento de Foucault, quando traz o conceito de biopoder e a produção de discursos biologizantes, tendo ambos, o intuito de regular a vida social, transformando-a em objeto de poder para que o homem possa reproduzi-la ou controlá-la[13]. É justamente Foucault que retoma Nietzsche ao discorrer sobre a modernidade e a perda da relação com o sagrado, ou seja, o sujeito moderno estaria exposto a ter de lidar com o vazio e para isso faz uso da excessiva normalização de tudo. Nesse sentido, o sujeito, condenado ao esgotamento pela falta de perspectiva, busca na droga, na religiosidade ou no culto ao "corpo perfeito" o ideal de uma felicidade impossível[11].

Estaríamos quase diante do sujeito descrito nos refrões de Cazuza na música *Ideologia*. Heróis morrem de *overdose* (sujeitos também), prazeres se tornam risco de vida e falta a ideologia para viver, falta a perspectiva e a condição de suportar o vazio, e muitas vezes a medicação pode entrar com o foco da ilusão desse preenchimento. Ao encontro com o exposto antes, justifica-se o uso do termo medicalização em vez de medicação, uma vez que "medicalização" é uma palavra em que se contraem duas ideias: a "medicação" e a "idealização"[14].

A psicanálise convoca o sujeito ao resgate de sua tragicidade, o que implica poder afirmar sua divisão, seus impasses e suas impossibilidades. Trata-se de um encontro desprovido de qualquer certeza, o que está na contramão do discurso farmacológico solitário e da ideia de endurecimento de certezas e garantias, que limitam o processo criativo do sujeito e fazem com que muitas vezes não ocorra estranheza com os feitos da tecnologia[13].

Outro ponto a considerar é que a medicação pode ser uma via de entrada no discurso capitalista, e, assim, mídia e indústria farmacêutica podem formar uma parceria com certa dose de perversão, sobretudo quando se unem para propagar ideologias, alegando ser informação ou notícia. Nesse sentido, em uma época em que nos parece faltar ideologia e sobrar dificuldade para lidar com o vazio, tais propagações certamente garantem audiência no dia a dia.

Estarmos diante de um campo em que o foco passa a ser exclusivamente a produção do efeito sobre o sintoma, com isso o interesse acaba também passando por questões como: venda de valores de felicidade e estilo de vida a serem consumidos; equiparação da subjetividade à mercadoria; entendimento de que deve garantir o tratamento ao sujeito e não necessariamente garantir melhores condições de vida e a ideia de que um tratamento eficaz prevê a redução do sofrimento subjetivo, com preço baixo e em tempo curto.

Ao mesmo tempo em que as medicações conseguem dar vida biológica aos que usam como forma de tratamento exclusiva, dá a morte simbólica por meio de uma dessubjetivação que inviabiliza a dimensão social criativa e ética dos sujeitos[13].

Assim, o sujeito contemporâneo se abstém de qualquer enigma sobre si próprio quando acredita que toda falta é preenchida, passando a se relacionar com o remédio como aquele que possui um saber sobre ele mesmo, saber esse que pode ser acessado ilusoriamente pelo sujeito quando compra ou ganha uma medicação.

> "Algo da ordem de uma ilusão, fantasia ou engodo coletivos. Uma partilha do niilismo: se a perfeição não é possível, que a desejemos todos juntos, mesmo sabendo que se trata de um enganar-se voluntário, de um *'me engana que eu gosto'* resignado e coletivo[15]"

É preciso, portanto, apalavrar o mal-estar. Entendemos que estar atento a como os sujeitos respondem ao cenário da medicalização é problematizar a questão da desqualificação da subjetividade diante da construção dos seus sintomas. Assim, a equipe cuidadora tem a responsabilidade de observar o modo de oferta do cuidado, afim de não provocar e manter essa analgesia da subjetividade[16].

Considerações finais

A problematização dos *excessos* discutida neste capítulo não deve ser esgotada, uma vez que as medicações são necessárias, bem como a escuta e validação do sofrimento. Nesse sentido, a equipe de saúde precisa constantemente estar atenta ao uso de medicamentos e seu objetivo, considerando não apenas seu momento de entrada e de saída, mas principalmente o caminho percorrido pelo sujeito entre as duas portas.

Seja como paciente, equipe ou sociedade, é necessário construir um olhar crítico de como as posições, ou *im-posições*, são *tomadas,* afinal nesse caso, tomar algo pode ser o remédio "adequado" ou não.

Esse olhar crítico atua contribuindo para o não aniquilamento subjetivo e abre espaço para pensar em duas questões básicas, a responsabilização do sujeito diante do sofrimento e a importância do reconhecimento das próprias potencialidades.

REFERÊNCIAS BIBLIOGRÁFICAS

1. Machado L.V, Ferreira, RR. A indústria farmacêutica e a psicanálise diante da "epidemia de depressão": respostas possíveis. Maringá. Psicologia em Estudo. 2014, Jan/Mar; 19(1):135-144.

2. Dicionário Michaellis [homepage]. Editora Melhoramentos, 2009. Definição da palavra comprimido. [citado em 13 de jan de 2015]. Disponível em: http://michaelis.uol.com.br/moderno/portugues/index.php?lingua=portugues-portugues&palavra=comprimido.

3. Rutledge T, Reis VA, Linke SE, Greenberg BH, Mills PJ. Depressão na insuficiência cardíaca. Uma revisão da meta-análise de prevalência, os efeitos da intervenção, e associações com desfechos clínicos. Jornal do Colégio Americano de Cardiologia, 2006. Out; 48(8):1527-1537.

4. Sohani ZN, Samaan Z. Does Depression Impact Cognitive Impairment in Patients with Heart Failure? Cardiol Res Pract, 2012. Jun; v.2012.

5. Edmondson D, Newman JD, Whang W, Davidson KW. Emotional triggers in myocardial infarction: do they matter? Harv Heart Lett. 2012 May;22(9):6.

6. Mostofsky E, Maclure M., Sherwood JB, Tofler GH., Muller JE, Mittleman, MA. Risk of acute myocardial infarction after the death of a significant person in one's life: the Determinants of Myocardial Infarction Onset Study Study.Circulation, 2012 Jan 24;125(3):491-6.

7. Uhr D. A medicalização e a redução biológica no discurso psiquiátrico. Rev.Polêm!ca, 2012 Jul/Set; 11(3).

8. Nogueira Filho DM. Psicanálise e Medicina. São Paulo: Escuta, 2008;104p.

9. Nazar J. A medicalização da dor: da psicanálise e da psiquiatria. Rev. Dizer: Escola Lacaniana de Psicanálise. Rio de Janeiro, 1990;122 p.

10. Carneiro PC. Novas práticas em saúde mental: Caminhando para uma clínica do sujeito na reforma psiquiátrica brasileira. In: Medicação ou medicalização? São Paulo: Primavera editorial, 2014.

DO NASCIMENTO À MORTE: NOVOS CAMINHOS NA PRÁTICA DA PSICOLOGIA HOSPITALAR

11. Roudinesco E. Por que psicanálise? Rio de Janeiro: Zahar, 2000;164p.

12. Dicionário Michaellis [homepage]. Editora Melhoramentos, 2009. Definição da palavra pílula. [citado em 13 de mar de 2015] Disponível em: http://michaelis.uol.com.br/moderno/portugues/index.php?lingua=portugues-portugues&palavra=pilula.

13. Dunley G. Psicofármacos e Psicanálise. Entre bem-estar e bem-viver. 2010; Ed 1. [citado em 13 de mar de 2015] Disponível em: http://www.uva.br/trivium/edicao1-dez2010/artigos--tematicos/2-psicofarmaticos-e-psicanalise.pdf

14. Menezes LS, Armando GG, Vieira P. Medicação ou medicalização? São Paulo: Primavera editorial, 2014;112p.

15. Martins A. Comissão de Direitos Humanos do CRP–RJ [org.] O biopoder e a medicalização da vida: novas reflexões. Direitos Humanos? O que temos a ver com isso? I Seminário de Psicologia e Direitos Humanos. Conselho Regional de Psicologia– RJ. 2007; 174 p. [citado em 1 de fev de 2015]. Disponível em: http://www.crprj.org.br/publicacoes/livros/direitoshumanos.pdf

16. Canavêz FHR. Entre a psicanálise e a psiquiatria: a medicalização do trauma na contemporaneidade. Tempo Psicanalítico, 2011, Jun 43(I):111-129.

118

Seção 4

A Qualidade Permeando o Trabalho do Psicólogo nas Diferentes Clínicas

Capítulo 11

Indicador de Qualidade em Psicologia Hospitalar: É Possível?

Silvia Maria Cury Ismael

"Os aspectos subjetivos envolvidos na análise da qualidade podem distorcer os resultados, pois se encontram relacionados no nível de exigência do cliente". (Donabedian[1])

O mundo tem passado por mudanças sociais, culturais, econômicas e políticas, que podem promover mudanças comportamentais nos indivíduos e por consequência afetam a dinâmica organizacional. Sendo assim, as organizações de forma geral, e podemos considerar o hospital uma organização, têm perseguido a melhor forma de captar seus funcionários para o comprometimento com o trabalho, para o engajamento com o foco na qualidade e hoje em dia cada vez mais na produtividade.

As teorias administrativas evoluem juntamente com essas mudanças e tornou-se um desafio constante achar o melhor modo de ter qualidade e de gerir a qualidade dos serviços prestados ao paciente. Para que possamos avaliar o desempenho organizacional, é necessário que se tenha parâmetros a serem seguidos que podem ser quantitativos ou qualitativos. Estes irão referir a questão de produtividade, de desempenho financeiro e da qualidade do serviço executado.

Em relação a esse aspecto precisamos definir os chamados indicadores que nos ajudarão a encontrar essas medidas, avaliá-las e, se necessário, estabelecer ações de correção para que possamos melhorá-las[2].

A pressão exercida pelo mercado econômico faz com que as empresas se tornem cada vez mais competitivas e com isso a busca pela qualidade se faz inevitável. Esse aspecto é ainda extrapolado para o mercado internacional, uma

Do Nascimento à Morte: Novos Caminhos na Prática da Psicologia Hospitalar

vez que com a globalização as informações chegam a tempo real e faz com que a qualidade dos serviços seja fundamental[2].

Com a chegada da Acreditação Hospitalar em nosso país, já no século passado, discutem-se modos de medir a qualidade de serviços executados não somente pela equipe de saúde, mas por áreas administrativas do hospital, pela sua governança e pela instituição como um todo. A acreditação é um processo no qual hospitais contratam uma empresa internacional para construir e validar processos de trabalho que impliquem segurança e qualidade para o paciente e para quem nela trabalha. O processo de acreditação diz ainda que a instituição deve ser sustentável, estar voltada para o seu constante desenvolvimento e crescimento e tem um único foco, o paciente. Falaremos um pouco mais sobre isso logo adiante.

Ainda, os hospitais de excelência ou não, que são "acreditados", passam a compor grupos de discussão, nos quais existe uma troca de informação e parcerias mútuas no sentido de melhor possibilidade de compra de suprimentos, com foco em redução de valores e com produtos de melhor qualidade, por exemplo. As empresas que são fornecedoras desses hospitais têm de respeitar normas de boa conduta e profissionalismo, meio ambiente e com isso o produto final que chega ao paciente tem um valor agregado muito mais significativo[3].

A competitividade entre os hospitais passa a ser em outra instância, diferente de apenas ter um equipamento mais moderno, ou um prédio mais elaborado, mas sobretudo produtos tangíveis que sejam de qualidade, assim como o intangível difícil de ser medido e avaliado. A saber, produtos tangíveis são aqueles facilmente observáveis e aferíveis quantitativa ou qualitativamente, como receita, saúde, gestão, conhecimentos, habilidades, formas de participação, entre outros. Os intangíveis são aqueles que podemos captar parcial e indiretamente algumas manifestações: consciência social, autoestima, valores, atitudes, estilos de comportamento, entre outros[3].

Pensando na psicologia hospitalar, que é uma especialidade da psicologia muito recente, toda essa linguagem que descrevemos e que descreveremos a seguir acaba por ser assustadora. Ora, na universidade aprendemos basicamente a avaliar e acompanhar pacientes com problemas emocionais que podem estar ou não ligados a questões de saúde.

122

Capítulo 11

No hospital, já existe uma grande mudança, que é do *setting* terapêutico, onde por vezes a questão do sigilo se perde, ao atendermos um paciente dentro da UTI[4]. Outro aspecto importante é que no caso do hospital o paciente é procurado pelo psicólogo, ao contrário do que ocorre na clínica.

Além disso, de modo geral, o psicólogo se depara com um processo de trabalho diferente daquele que conhecia até então, com novas terminologias que necessitam um acompanhamento contínuo e registros formais dos mesmos.

Como medir a qualidade do serviço executado por um psicólogo no hospital se trabalhamos essencialmente com o subjetivo? Essa questão pretende ser o norte da caminhada deste texto propondo ao leitor uma reflexão que ainda não se sabe se tem um destino certo e objetivo: aquilo que foi importante através de nosso trabalho para um paciente assim o será para todos do mesmo modo? Mesmo que os processos de atendimento tenham seguido à risca os padrões estabelecidos pelos órgãos internacionais que avaliam e validam processos de trabalho em instituições de saúde como a *Joint Commission International* (JCI)?

Lidamos com seres únicos, individuais que têm percepções de saúde e doença diferentes, que tem histórias de vida diferentes. O tempo de internação não é muito longo na maioria das vezes, como ter certeza de que nossa atuação foi de qualidade, ou seja, ajudou o paciente de fato a lidar com a situação da hospitalização do ponto de vista emocional? Ainda, o paciente sabe como avaliar a "qualidade desse nosso serviço"?

A Psicologia Hospitalar

A Psicologia Hospitalar é uma especialidade reconhecida pelo Conselho Federal de Psicologia (CFP), desde 2000[5]. A partir de então, todos os psicólogos que trabalham em hospitais passaram a ser reconhecidos como tal, seja por reconhecimento de prática comprovada, seja por prova de titulação ou mesmo cursos de especialização, reconhecidos pelo CFP. Faz-se importante ressaltar que a psicologia hospitalar iniciou-se no Brasil há pelo menos 35 anos, com a Dra. Matilde Neder, no Instituto de Ortopedia no Hospital das Clínicas, em São Paulo. A ela, seguiram tantos outros colegas de outras instituições, onde os psicólogos se denominavam *oficiosamente* psicólogos hospitalares até que houve o reconhecimento pelo CFP.

Existe uma discussão, que não é recente, que pauta quanto o papel desse profissional é definido e quais as evidências que dão legitimidade e identidade a área, uma vez que a maioria das universidades ainda não contempla essa especialidade na sua grade curricular.

More, Leiva & Tagliari[6] (2001) *apud* Wallig e Souza Filho[7] discutem a representação social da psicologia e citam um estudo Tagliari[6] em um posto de saúde. Os autores chegam à conclusão, que na visão de pacientes e funcionários, o psicólogo lida com problemas emocionais, orienta e conversa; ao psicólogo se atribui uma multiplicidade de campos de atuação que permeiam o comportamento e o emocional, mas ainda não se tem um conhecimento real sobre a psicologia.

Com a inserção do psicólogo no hospital, vêm às questões que permeiam o trabalho multiprofissional e com isso a dificuldade de definição de papéis e o quanto o psicólogo tem ou não poder de decisão em determinadas situações[4]. Os hospitais sabem o que pedir ou mesmo o que esperar desse profissional? Como se encontra essa situação hoje?

Houve um estudo de Rosa[8], que mostra claramente que a universidade de modo geral prepara o psicólogo para seu atendimento focado no modelo clínico tradicional e não promove o desenvolvimento de competências para o trabalho hospitalar. Na maioria dos casos, o trabalho desenvolvido no hospital será adaptado a partir do modelo tradicional, sobretudo se existe um serviço preestabelecido. Dependendo do modelo e do tipo de instituição, o trabalho pode ser desenvolvido de maneira focal, em equipe multidisciplinar ou realizado de modo individualizado considerando apenas a queixa do paciente como interconsulta.

Todos sabemos por dados de literatura que o trabalho do psicólogo no hospital segue um tripé: assistência, ensino e pesquisa[4].

No início, o trabalho do psicólogo no hospital, na assistência, era na maioria das vezes realizado por um único profissional. A partir das demandas, as equipes foram construídas e o trabalho desenvolvido sem nenhuma prévia de consenso ou diretriz que definisse os caminhos a serem tomados.

Outra questão importante foi e ainda é a questão do ensino no hospital. O estagiário pode desenvolver seu aprendizado para uma especialização, mas sabe--se de hospitais e serviços que utilizam o estagiário para "tocar" o serviço da

124

instituição, o que vem a ser uma situação preocupante e totalmente inadequada.

Cursos de especialização *lato sensu* com certificação pelo MEC ajudam nessa formação, assim como alguns hospitais públicos têm o aprimoramento que permite ao psicólogo já formado mergulhar na teoria e prática assistida pelos serviços.

Ainda o campo de pesquisa no hospital é difícil de ser desenvolvido talvez por uma dificuldade das instituições desenvolverem pesquisas e pela dificuldade de adaptar a pesquisa qualitativa nesse contexto totalmente quantitativo. Por consequência fica restrita a publicação científica que poderia enriquecer nosso saber nesse campo.

Continuando no trabalho de Rosa[8], a autora discute a inserção do psicólogo nas equipes multidisciplinares e chega à conclusão que houve muito avanço nesse aspecto. Essa interação é possível, desde que o psicólogo possa falar em uma linguagem que o outro compreenda que ele possa ajudar de fato a equipe compreender melhor o paciente que assiste e que seu trabalho mostre resultados efetivos.

Do ponto de vista interdisciplinar, o trabalho flui de maneira crescente, mas o transdisciplinar, no qual a equipe como um todo deve decidir o melhor modo de abordar e cuidar do paciente ainda está longe de ser alcançada.

Silveira[9] fala em sistematização da assistência que consiste em planejar, organizar e fazer o gerenciamento das rotinas de trabalho e pontua que esse aspecto dá uma maior visibilidade ao trabalho do psicólogo assim como valida as condutas estabelecidas.

A conquista do espaço da psicologia no Hospital do Coração deu-se em um crescente do esforço de uma equipe em mostrar seu trabalho de maneira séria e profissional. A psicologia tem seu lugar bem definido no acompanhamento das questões emocionais do paciente, advindas da doença, o acompanhamento familiar que abrange o paciente desde seu nascimento até a idade mais avançada e aqueles com impossibilidade de tratamento de cura.

A participação da equipe de psicologia na ronda garante que esse paciente seja mais bem compreendido pela equipe que o assiste, assim como essa troca de saberes ajuda a dotar a equipe de conhecimento que facilita reconhecer quando o psicólogo necessita ser solicitado. A ronda é uma reunião da equipe multiprofissional, que ocorre diariamente em horários específicos, na qual pacientes que necessitam de um olhar mais específico são avaliados no contexto biopsicossocial. Registros de ações e diretivas do tratamento são realizados a fim de acompanhar o processo adequadamente. A inserção do psicólogo na equipe multidisciplinar de modo interdisciplinar é uma das maneiras de sistematização da assistência, uma vez que tanto o psicólogo tem de ter noção do que ocorre com o paciente antes de avaliá-lo como ajuda a equipe compreender o paciente.

Na verdade, a linguagem utilizada não pode ser reducionista ao emocional e o psicólogo deve observar a melhor maneira de poder levar seu conhecimento e ajuda à equipe com base científica e que transpõe o emocional, ou seja, ele deve conhecer minimamente sobre a doença de seu paciente para compreendê--lo na totalidade[4,8].

Rosa[8] ainda discute outro aspecto fundamental: a competência. Competência tem a ver com o conhecimento, habilidade e atitude que são necessárias para atender um padrão de qualidade. Além de o conhecimento ser fundamental para que haja competência, a habilidade é a capacidade técnica de executar uma ação. Creio que esses conceitos ainda não são muito claros e definidos nem para o campo da psicologia muito menos para a instituição que os contrata no sentido de poder definir o trabalho a ser executado. A competência é mutável e inovadora, quando é preciso adotar novas formas de atuação ou quando o conhecimento se atualiza. O que deve ser feito para desenvolver as competências é prover uma educação formal, analisar experiências e fazer exercícios de tomada de decisão.

Em hospitais que passam pelo processo da acreditação, os profissionais da saúde são avaliados anualmente pelo seu desempenho, onde essas competências são verificadas no dia a dia de seu trabalho.

Rosa[8] define em seu trabalho uma lista de competências do psicólogo que tem a ver com o trabalho do psicólogo. Mas essas competências por ela definidas nem sempre têm a ver com as competências colocadas pela instituição que se trabalha. Em geral, colocam-se competências ligadas às questões institucionais e outras que definem mais o comprometimento e motivação do funcionário para execução de suas tarefas. Conclui que, de fato, apesar de essas competências existirem independentemente da situação hospitalar, o psicólogo hospitalar requer uma qualificação específica, para que sua inserção nesse contexto resulte para o paciente uma contribuição efetiva para promoção da saúde com a qualidade esperada.

Coloco aqui outra questão para reflexão: se nem sempre essas competências são trabalhadas ou explicitadas ou mesmo verificadas, como teremos certeza que o trabalho de assistência ao paciente é de qualidade?

A acreditação hospitalar

A acreditação[10] é um processo no qual uma entidade que não é ligada a uma instituição de saúde, avalia essa instituição para verificar se ela segue uma série de pré-requisitos denominados padrões, criados para garantir a segurança e qualidade do cuidado, bem como a segurança do paciente e dos profissionais em relação ao ambiente. Além disso, levando em conta esse conceito ela propicia com que a instituição invista na melhoria de seus recursos humanos, garantindo a qualidade dos serviços executados além de valorizar e reter talentos para a instituição.

No Hospital do Coração, foi escolhida a JCI, empresa internacional que certifica instituições de saúde. A JCI trabalha através de padrões em relação a diversos focos no hospital que vão desde o cuidado e a avaliação do paciente até a segurança hospitalar e o desenvolvimento de seus recursos humanos.

Em um primeiro momento quando se observa a que cada padrão se refere e a forma como ele deve ser desenvolvido e acompanhado, tem-se a impressão que o hospital vai ter procedimentos "engessados". Isso não é uma realidade. Esses padrões estão agrupados de acordo com as funções executadas no atendimento do paciente em cada departamento, unidade ou serviço disponível. Através de uma equipe que atua na área da qualidade, formam-se comissões que trabalham na execução de documentos com base nos padrões, rotinas são definidas, assim como os procedimentos operacionais.

A visita de avaliação irá verificar a conformidade dos serviços de acordo com os documentos desenvolvidos[10]. Alguns desses padrões precisam e devem ter indicadores com metas, que vão medir o quanto eles estão funcionando adequadamente. No caso de não atingir a meta, o indicador deverá ser reavaliado para que se tome uma ação corretiva no sentido de alcançá-la. Os indicadores podem ser de qualidade e de quantidade.

Com o passar dos anos, a Acreditação Hospitalar chegou ao Brasil, e com ela o papel do psicólogo e o seu modo de atuação sofreram uma *provocação* no sentido de serem repensados. No Hospital do Coração, esse processo foi implementado em 2003, pela *Joint Commission Internacional* (JCI). Ao psicólogo foi solicitado que o trabalho já desenvolvido com o paciente de avaliação, orientação e acompanhamento psicológico, fosse colocado nos moldes dos padrões do cuidado contínuo dos pacientes. Sendo assim, esse trabalho foi transformado em rotinas e procedimentos definidos e seguidos como um meio mais seguro de ter certeza de que os pacientes seriam atendidos da mesma forma e com qualidade. Além disso, existe a possibilidade de se programar os protocolos de atendimento que formatam o trabalho de toda uma equipe para atender um paciente de uma clínica específica, como, por exemplo, o paciente infartado com todas as suas peculiaridades. É nesse contexto, que surge a grande questão objeto deste capítulo, indicadores de qualidade. Qual é o indicador de qualidade em psicologia hospitalar? Isso é possível?

Os indicadores de qualidade em serviços de saúde

A qualidade dos serviços de saúde deve estar de acordo com políticas e metas da instituição visando à segurança e satisfação de quem utiliza estes serviços[11]. Assim, qualidade se constrói pela avaliação assistencial que abarca a estrutura, o processo e o resultado.

Indicadores são formas de representar quantitativa e qualitativamente características de determinada realidade[11-13].

Alguns desses indicadores são considerados estratégicos, uma vez que podem e norteiam para onde a organização deve seguir, se ela está no caminho certo e ajudam a definir onde ela precisa ser melhorada. Todo esse movimento tem o foco principal de atingir as expectativas e necessidades do paciente. Quando se fala em gestão em qualquer área dentro do hospital, a psicologia está incluída neste contexto de procurar a qualidade para melhor atingir as necessidades desses pacientes[11].

O indicador reflete a medida qualitativa e quantitativa de uma realidade observada. Geralmente, para os indicadores de qualidade são utilizados questionários que acabam por ser mais subjetivos e para os quantitativos, utilizam o

INDICADOR DE QUALIDADE EM PSICOLOGIA HOSPITALAR: É POSSÍVEL?

tempo, a quantidade de serviço executado ou quanto de informação foi coletada e armazenada[13].

Do ponto de vista institucional, o indicador estratégico permite definir não somente onde a instituição quer chegar, mas também verificar se ela está produzindo serviços e produtos competitivos que alcançam o que o paciente quer ao ser atendido e ainda ajudam a detectar erros ou incoerências, permitindo ao gestor corrigir o processo inadequado[13].

Segundo Minayo[14], o conceito de indicador reflete se o objetivo de uma proposta de tratamento está sendo conduzido de modo adequado (processo) e se os resultados estão sendo alcançados do ponto de vista qualitativo e quantitativo. O indicador nos dará uma noção se o processo em execução está dentro da realidade a que se refere. Ainda, os indicadores podem ser elaborados para refletir uma observação em nível individual, coletivo, social, financeiro entre outros. O indicador é um instrumento de gestão, a partir do momento que ele permite verificar processos que estão inadequados e aqueles que devem ser incentivados como ferramenta para alcançar o objetivo proposto.

Para que o indicador seja eficaz é necessário que possamos tomar alguns cuidados[14]:

• Deve haver uma normalização, ou seja, devemos estabelecer o que iremos avaliar e testar o que se denomina série histórica. Por exemplo, se queremos avaliar quantitativamente o número de pacientes atendidos pela Psicologia dentro de uma programação cirúrgica cardíaca, tendo como meta 100% dos pacientes, é preciso que tenhamos pelo menos seis meses de observação, para ter certeza de que esta é a melhor forma de medida, que a meta está dentro da realidade e que o processo estabelecido para se acompanhar as cirurgias está adequado.

• Posto esse exemplo, também está sendo cumprido o aspecto temporal que foi estabelecido, ou seja, sua regularidade.

• Esse indicador deve estar pactuado por quem o utiliza (instituições) e dependendo do indicador proposto deve permitir que o mesmo fosse comparado a órgãos nacionais e internacionais.

• Por fim, deve estar disponível de modo que a instituição como um todo possa acompanhar seu desenvolvimento promovendo a transparência do processo proposto.

CAPÍTULO 11   129

É importante ressaltar que o objetivo proposto e o processo estabelecido devem estar alinhados com aquilo que a instituição se destina, sua missão, seus valores e visão. A meta de indicador deve ser realística e adequada ao que se propõe. O indicador não é totalmente preciso, mas ele tem a função de sinalizar se o objetivo proposto está sendo alcançado ou precisa ser revisto em seu processo[11,14].

A construção um indicador inicia-se pelo conceito e deve-se observar seu objetivo, equação, a população ou amostra, fonte de informação e como os dados vão ser coletados. Em saúde, os tipos mais utilizados são aqueles que captam o evento-sentinela, evento este geralmente grave e que de certa maneira pode ser evitado e o outro mais utilizado está baseado em índices, taxas que verificam se um evento merece avaliações mais complexas[11].

Ainda para que o indicador seja validado, devemos ver se[11]:

- Ele atinge o propósito pelo qual foi construído (validade);
- Quanto ele reflete a qualidade da prática (atribuível);
- Se é de fácil entendimento (credibilidade);
- Se realmente detecta situações-problema (sensibilidade);
- Se detecta problemas realmente específicos (especificidade)
- Se o acesso aos dados para chegar ao indicador é fácil (acessível);
- Se a medida pode ser explicada facilmente (comunicável);
- Se mede aquilo que se propõe (efetiva);
- Se é aplicável (exequível)[11].

Para construir indicadores de avaliação[3,14] deve-se pensar ainda nos conceitos de eficiência (como se utilizam recursos humanos e materiais para chegar ao resultado que se quer), eficácia (como se desenvolve a ação executada e o resultado obtido por ela) e efetividade (ocorre quando observamos que houve a incorporação de mudanças). O impacto dessas ações pode ser verificado a partir do poder de influência do projeto proposto.

Minayo[14] coloca ainda a mesma dúvida para reflexão sobre a proposta desse texto: como construir um indicador de qualidade que lida com diferentes atores e quando vamos avaliar conteúdos que são totalmente subjetivos?

A autora[14] propõe duas formas de se estabelecer esse indicador:

INDICADOR DE QUALIDADE EM PSICOLOGIA HOSPITALAR: É POSSÍVEL?

- Uma delas é através da construção de indicadores qualitativos a partir dos quantitativos. A busca por estabelecer indicadores que tem a ver com questões intersubjetivas vem sendo discutida desde 1920. As escalas qualitativas construídas em base quantitativas têm servido para avaliar, por exemplo, a satisfação do usuário em determinado serviço ou programa.

- A segunda forma proposta por Minayo[14] tem a ver com a construção de um indicador qualitativo a partir de estratégias qualitativas. Deve levar em conta a natureza hermenêutica. Nesse sentido, Minayo (2009, p. 87)[14] ressalta que:

> Chamo de indicadores qualitativos propriamente ditos os que expressam a voz, os sentimentos, os pensamentos e as práticas dos diversos atores que compõem o universo de uma pesquisa ou de uma avaliação. Eles evidenciam a adoção ou a rejeição de certas atitudes, valores, estilos de comportamento e de consciência e se fundamentam na necessidade de ressaltar as dimensões das relações vividas intersubjetivamente, entendendo que elas fazem parte de qualquer processo social e o influenciam

Dentro dessa visão da hermenêutica, deve-se levar em conta a realidade social a que se refere, lembrando que os atores levam em conta seus referenciais de vida, valores, grupo étnico a que pertencem, gênero e o observador precisa considerar esse meio social proposto. Nesse sentido, não pode esperar, portanto, uma lista de indicadores derivados desse contexto.

Ferrari et al.[15] realizaram um estudo em relação à construção de indicadores assistenciais em psicologia hospitalar. Os indicadores foram construídos a partir da visão prática dos psicólogos do serviço de psicologia da instituição que desenvolveu o trabalho, onde eles deviam referir quais informações eles consideravam importantes para construir indicadores de qualidade para assistência.

A partir daí resultaram as principais atividades realizadas pela psicologia categorizada por esse serviço, como avaliação psicológica, neuropsicológica, atendimento psicológico, pronto-atendimento psicológico e atendimento ao familiar e/ou cuidador. Foram mencionados os instrumentos utilizados para essas tarefas, assim como o tempo médio para sua execução. Cálculos foram feitos para definir essa carga horária, e para calcular a capacidade de trabalho horas/ psicólogo. Nesse sentido, consegue-se estabelecer o controle de variáveis de desempenho. Os ganhos com o uso das ferramentas de gestão construídas a partir

CAPÍTULO 11

131

DO NASCIMENTO À MORTE: NOVOS CAMINHOS NA PRÁTICA DA PSICOLOGIA HOSPITALAR

desse estudo permitiram melhorar a gestão de pessoas, calcular a necessidade de recursos humanos e estabelecer uma relação entre o desempenho e indicadores de produção, ou seja, aqueles denominados quantitativos.

Considerações finais

Apesar da dificuldade que a psicologia tem ainda em compreender as ferramentas de gestão e seu uso, talvez seja ainda o primeiro entrave para que possamos evoluir no caminho de estabelecer indicadores de qualidade assistenciais em psicologia hospitalar.

A atuação do psicólogo em hospital ainda tem por base o modelo mais tradicional, conforme discutido por Rosa[8]. A universidade não se atualizou para suprir as demandas de dotar o psicólogo para atuar no ambiente hospitalar quando muito abordar questões referentes à gestão. Esse é um novo horizonte que precisa ser disseminado em doses "homeopáticas" para traduzir e acompanhar o que hoje é necessário no mercado da saúde.

É difícil, ainda, assimilar que temos que gerir melhor nosso trabalho, para promover a sustentabilidade da área e é isso que está sendo proposto hoje em hospitais acreditados e de excelência. Claro que sem esquecer com isso a qualidade do serviço executado.

Outra questão é pensar em atuar com base em protocolos assistenciais que ajudam a organizar o trabalho, reduzir custo, garantir que o atendimento seja o mesmo para todos e de novo com qualidade. Fazer parte da equipe multidisciplinar atuando no foco do cuidado integrado, no qual todos os profissionais devem interagir, estabelecendo um plano de cuidados desse paciente, um planejamento educacional quando necessário em relação aos riscos de saúde e orientando o paciente para alta, ainda é um desafio e um exercício diário dessa equipe.

Mas, a partir de tudo isso, levanto novamente o ponto de reflexão: como saber se esse trabalho que está sendo despendido pelo psicólogo é de qualidade? Como medir isso se trabalhamos com o subjetivo?

Em um momento passado o serviço de psicologia do HCor tentou realizar um levantamento que tinha como foco a qualidade do serviço. Elencou-se uma série de situações que ocorriam com frequência do ponto de vista emocional, foram

132

CAPÍTULO 11

definidos os tipos de atendimentos prestados ao paciente e com isso se tentou definir o quanto aquele atendimento tinha ajudado ao paciente no aspecto emocional. Ainda estamos trabalhando nessa construção. Vários foram os problemas detectados como tempo de internação diferente por conta da patologia do paciente e a própria questão subjetiva no que tange a como cada um percebe aquele cuidado.

Nesse aspecto, trago aqui novamente a colocação de Minayo[14] que refere como pontos a serem levados em conta os valores, as crenças, como cada um encara o processo de doença, como a família lida com situações de crise e, indo um pouco mais além, como o paciente interpreta e entende a atuação do psicólogo. Vou um pouco mais longe ainda, qual o nível de conhecimento e de compreensão da equipe multiprofissional, em relação ao nosso trabalho?

Para finalizar eu proponho um desafio ao leitor que já atua na área hospitalar: buscar através de seu trabalho a resposta para essa questão. Quando essa resposta for encontrada com certeza poderemos evidenciar o quanto nossa prática pode ser de fato de qualidade para nosso principal objeto de trabalho, o paciente.

REFERÊNCIAS BIBLIOGRÁFICAS

1. Donabedian A. Evaluating the quality of medical care. The Milbank Quarterly. 83(4) [cited 2015 Fev 12]. Available from: <http:/www.milbank.org/quarterly/830416.donabedian.pdf>.

2. Martins PG. Administração da Produção. 2a ed. rev. aum. e atual. São Paulo: Saraiva; 2006. Não paginado.

3. Valarelli LL. Indicadores de resultados de projetos sociais. 2004. [Internet]. [Acesso em: 16 jun.2004]. Disponível em: http://www.fcm.unicamp.br/fcm/sites/default/files/valarelli_indicadores_de_resultados_de_projetos_sociais.pdf.

4. Ismael SMC. A inserção do psicólogo no contexto hospitalar. In: _____. A prática psicológica e sua interface com as doenças. São Paulo: Casa do Psicólogo; 2005. P17-35.

5. Conselho Federal de Psicologia (2000). Resolução nº14/2000 de 20 de dezembro de 2000. Brasilia, DF.

6. More COO, Leiva AC,Tagliari, LV. A representação social do psicólogo e de sua prática no espaço público-comunitário. Paidéia. 2001; 11(20): 85-98 [citado 12 fev. 2015]. Disponível em: http://www.scielo.br/pdf/paideia/v11n21/10.pdf.

7. Wallig J, Souza Filho E. A psicologia hospitalar segundo médicos e psicólogos: um estudo psicossocial. Cadernos de Psicologia Social do Trabalho. 2007;10(2):47-62 [citado 12 fev. 2015]. Disponível em: http://www.revistas.usp.br/cpst/article/viewFile/25800/27533.

8. Rosa AMT. Competências e habilidades em psicologia hospitalar [Dissertação]. . Porto Alegre, RS: Universidade Federal do Rio Grande do Sul, Instituto de Psicologia; 2005.

9. Silveira AMV. Estudo do campo da psicologia hospitalar calçado nos fundamentos de gestão: estrutura, processos e resultados [Dissertação].. Minas Gerais, MG: Pontifícia Universidade Católica, PUC-MG, 2010.

10. Consórcio Brasileiro de Acreditação de Sistemas e Serviços de Saúde. [editor]. Padrões de Acreditação da Joint Commission International para Hospitais. Rio de Janeiro: CBA; 2005.

11. Tronchin DMR, Melleiro MM, Kurcgant P, Garcia NA, Garzin ACA. Subsídios teóricos para a construção e implantação de indicadores de qualidade em saúde. Rev Gaúcha EnfermPorto Alegre,RS,2009;30(3):542-6.

12. Fazano CA. Qualidade: a evolução de um conceito. São Paulo: Banas Qualidade. Set. 2006. Nº172.

13. Carvalho MM, Paladini EP. Gestão da Qualidade: teoria e casos. Rio de Janeiro: Elsevier; 2005.

14. Minayo MCS. Construção de Indicadores Qualitativos para Avaliação de Mudanças. Revista Brasileira de Educação Médica. 2009; 33(1Suppl. 1):83-91.

15. Ferrari S, Benute GRG, Santos NO, Lucia MCS. Excelência no atendimento em saúde: a construção de indicadores assistenciais em psicologia hospitalar. Psicologia Hospitalar. 2013;11(2):60-71.

Índice Remissivo

A

Alta hospitalar, 57

C

Câncer parental, 42

    fase da doença, 42

Catexia, 17

Cenário hospitalar, 109

Chegada do bebê cardiopata: a psicologia também está na sala de parto!, A, 3

    atendimento psicológico no período pré-natal: conhecendo a futura mãe!, O, 5

    parto, O, 7

    psicologia na sala de parto: "você vai estar lá doutora?", A, 9

Compreensões e reações quando em situação de câncer na família, 45

Coração artificial, 77

Cuidado profissional, 44

D

Da perinatalidade à infância, 1

Déficit de atenção, 85

Delirium, 85

    hiperativo, 86

    hipoativo, 86

    misto, 86

Descatastrofização, 66

Desconstrução dos imbricamentos, 33

Doenças cardiovasculares, 51

    cardiopatias, 51

        diagnóstico, 52

        sintomas, 52

Dor da perda, 101

    acompanhamento do familiar, 104

    luto, 101

    morte inesperada, 102

E

Espelhamento, 29

F

Fala recorrente, 111

I

Ilustração dos materiais, 40

história em quadrinhos, 40

jogo de plataforma, 40, 41

quiz, 40, 41

site, 40

Incidência de hospitalizações, 68

Indicador de qualidade em psicologia hospitalar: é possível?, 121

acreditação hospitalar, A, 122, 127

indicadores de qualidade em serviços de saúde, Os, 128

psicologia hospitalar, A, 123

Infarto agudo do miocárdio (IAM), 59

Infarto agudo do miocárdio: quando a situação sai do controle, 59

análise de caso, 64

ansiedade como ponto de partida..., 62

"de repente, me vi infartando...", 63

percepções do paciente: emocional? fisiológico?, 60

Insuficiência cardíaca, 72

Interação familiar, 36

Interface do vínculo mãe-bebê na UTI cardiopediátrica, A, 25

caso clínico, 30

espelho rachado e o vínculo, O, 27

maternidade e o herdeiro simbólico de seu desejo, A, 26

Intervenções, 30, 40

psicanalíticas, 30

psicoeducativa, 40

Irmãos saudáveis, 38

L

Laços no desenlace ou desenlace dos laços? refletindo sobre família, luto e UTI, 99

acompanhamento familiar após a morte: o psicólogo e a escuta do indizível, 102

continuidade do olhar a quem fica: identificação de fatores de risco para luto complicado, 104

fatores de proteção, 105

fatores de risco, 105

Literatura contemporânea, 26

M

Manhês, 31

Máquina cardíaca, 77

ÍNDICE REMISSIVO

Maquinário tecnológico, 71

avanços, 71

Maternidade, 26

Maximização, 66

Medicalização da vida, 109

Morte iminente, 32

P

Pacientes, 44, 65

com perfil ansioso, 65

oncológico, 44

Patologia congênita, 26

Percepção do adoecimento, 57

Perda da capacidade física, 111

Perda se si mesmo no hospital, A, 83

Personalização, 66

Pílulas silenciadoras de sujeitos: reflexões psicanalíticas sobre a medicalização no contexto hospitalar, 109

relação com o paciente e o distanciamento da relação com o sujeito, A, 113

sobre as particularidades encontradas no hospital cardiológico, 110

sujeito na contemporaneidade – "Eu vou pagar a conta do analista pra nunca mais ter que saber quem eu sou", O, 115

Prática clínica no hospital, 103

Presença dos pais, 32

Q

Quadros de *delirium* no hospital: lidando com o desconexo através do vínculo, 85

atuação com equipe e família, 86

equipe, 87

eu tive um sonho, vou te contar..., 93

família, 88

meu pai não vai ficar falando assim né?, O, 92

pode ser por *e-mail*?, 95

possibilidades de atuação com o paciente e a importância do vínculo, 89

Qualidade permeando o trabalho do psicólogo nas diferentes clínicas, A, 119

Que o coração nos fala, O, 49

Questionamento Socrático, 66

R

Religião, 105

S

Sentimento de culpa, 38

Silêncio do coração: ausência de sintoma e adoecimento cardíaco, O, 51

adoecimento cardíaco, 51

concreto e o abstrato, O, 53

quando os olhos não veem, o coração não sente, 54

Sobre a transferência na clínica com gestantes de bebês cardiopatas, 15

bebê esperado é um bebê em perigo!, O, 19

transferência, A, 17

T

Teorias administrativas, 121

Tratamento de câncer de um familiar adulto, 39

V

VAD'S, 72

ponte para transplante cardíaco, 74

terapia de decisão, 73

terapia de destino, 74

terapia ou ponte de resgate, 74

Vivência com o coração artificial: tornar o artificial natural é possível?, A, 71

"oi, tum, tum, bate coração, oi, tum, coração pode bater"... E o que acontece quando não bate mais?, 75

transformando o desconhecido em conhecido – entendendo sobre os VAD'S, 72

Vivências da família do paciente oncológico: um foco na criança, 35

experiências da família do paciente com câncer, 35

quando o familiar é uma criança: desafios preventivos em psico-oncologia, 37